Estudos Aplicados
de Direito Empresarial

Estudos Aplicados de Direito Empresarial

SOCIETÁRIO

2016

Coordenação:
Ana Cristina Kleindienst

ESTUDOS APLICADOS DE DIREITO EMPRESARIAL
SOCIETÁRIO
© Almedina, 2016

COORDENAÇÃO: Ana Cristina Kleindienst
DIAGRAMAÇÃO: Almedina
DESIGN DE CAPA: FBA
ISBN: 978-858-49-3170-5

Dados Internacionais de Catalogação na Publicação (CIP)
(Câmara Brasileira do Livro, SP, Brasil)

Estudos aplicados de direito empresarial :
societário / coordenação Ana Cristina
Kleindienst. -- São Paulo : Almedina, 2016.
Bibliografia
ISBN 978-85-8493-170-5
1. Direito empresarial - Brasil - Estudo e
ensino 2. Direito societário - Brasil - Estudo e
ensino I. Kleindienst, Ana Cristina.

16-08608   CDU-34:338.93(81)(07)

Índices para catálogo sistemático:
1. Brasil : Direito empresarial : Estudo e
ensino 34:338.93(81)(07)
2. Brasil : Direito societário : Estudo e
ensino 34:338.93(81)(07)

Este livro segue as regras do novo Acordo Ortográfico da Língua Portuguesa (1990).

Todos os direitos reservados. Nenhuma parte deste livro, protegido por copyright, pode ser reproduzida, armazenada ou transmitida de alguma forma ou por algum meio, seja eletrônico ou mecânico, inclusive fotocópia, gravação ou qualquer sistema de armazenagem de informações, sem a permissão expressa e por escrito da editora.

Novembro, 2016

EDITORA: Almedina Brasil
Rua José Maria Lisboa, 860, Conj.131 e 132, CEP: 01423-001 São Paulo | Brasil
editora@almedina.com.br
www.almedina.com.br

APRESENTAÇÃO[1]

A organização da atividade econômica é um desafio cada vez mais complexo. A incerteza que caracteriza o mundo moderno, aliada a uma crescente multidisciplinaridade interpretativa, demanda uma qualificada profundidade analítica: mais integrada, aliando cientificidade e uma conexão real entre teoria e prática. Conflitos de interesse brotam naturalmente no mundo empresarial, necessitando de soluções adequadas e eficientes por parte dos advogados de negócios.

Fruto de um cuidadoso projeto lapidado por alguns anos e com a contribuição de toda a comunidade do Insper Direito, este volume compõe uma nova coleção fruto da parceria Insper Almedina, intitulada "Estudos Aplicados de Direito Empresarial". Os cinco textos que ora apresentamos foram elaborados por alunos militantes no direito societário, que se desafiaram a não só cumprir um requisito formal para a conclusão de seu programa de LL.M. em Direito Societário do Insper, mas também a contribuir generosamente com o resultado de sua pesquisa para fora dos limites da Escola. Escolhidos cuidadosamente em uma riquíssima safra de textos produzidos pelos "societaristas"

---

[1] Este texto contou com a revisão e contribuições da Professora Orientadora do Programa LL.M. em Direito Societário, Ana Cristina Kleindienst, a quem agradecemos profundamente.

no ano de 2015, os cinco artigos espelham as mais bem avaliadas monografias apresentadas, orientadas e avaliadas por profissionais competentíssimos. Parabéns às professoras orientadoras Andréia Casquet, Natália Merlussi e Ana Cristina Kleindienst pelo excelente trabalho!

O primeiro texto, da lavra de Juliane Schwartz Teixeira, trata do polêmico tema da oferta pública de aquisição de ações por alienação de controle, de acordo com a legislação societária brasileira. Após abordar as várias modalidades de controle e de sua alienação, a autora conclui no sentido de que "...o prêmio de controle não deveria ser repartido entre os demais acionistas, por se tratar de direito inerente à condição de acionista controlador...", propondo modificações significativas na redação do artigo 254-A da Lei nº 6.404/76 ("LSA").

Já Bruna Lopes dedica-se à análise do tão debatido "Caso Usiminas", sob o prisma da responsabilidade dos administradores e da sua vinculação aos acordos de acionistas. A autora conclui que, em certas situações, a busca pelo interesse social depende de uma limitação à vinculação dos administradores aos acordos de acionistas. O administrador, para ela, deveria ter "...cautela e buscar seu livre convencimento sobre a decisão a ser tomada...", devendo sempre agir em prol do interesse social em respeito ao dever de diligência previsto no artigo 154, §1º da LSA e aos princípios de governança corporativa.

Lúcia Azevedo Pinto, por sua vez, tratou do espinhoso tema da "justa causa" para a exclusão de um sócio de uma sociedade limitada. Para a autora, tal previsão no contrato social é de fundamental importância em casos específicos "...mais delicados...", tal como uma falta grave, sempre em prol do princípio da preservação da empresa. De outra parte, ela alerta sobre os riscos de uma deturpação desse mecanismo, que pode ser empregado de forma desleal e até de má-fé, quando não respeitados os requisitos legais aplicáveis. Por derradeiro, o texto lista uma

APRESENTAÇÃO

série de recomendações práticas e operacionais para a utilização mais eficaz desse instituto.

Marcelo Luize, em seu texto, aborda as cláusulas de indenização e resolução contratual em operações de fusões e aquisições no Brasil. Ele discute se tais cláusulas são necessárias ou não, neste caso se elas configuram mera reprodução do que ocorre no sistema jurídico da *common law*. O autor conclui que há suporte legal em nosso país para a utilização dessas cláusulas, notadamente com base em quatro institutos jurídicos distintos, mas complementares entre si: a boa-fé objetiva, o ato ilícito e o dever de indenizar, os vícios redibitórios e os vícios de consentimento.

Por fim, Vitor Cruz trata dos impactos e riscos societários advindos da Lei Anticorrupção brasileira de 2013, com foco na transferência e na assunção de responsabilidades por parte da pessoa jurídica/sociedade e de seus sócios e administradores. O autor, em seu estudo, faz recomendações práticas para que tais riscos sejam mitigados, dentre as quais a implementação de mecanismos de integridade (*compliance*) em suas respectivas organizações, a adoção de medidas preventivas à corrupção em grupos empresariais e a ampliação do escopo de auditorias no caso de operações de combinações de negócios. Em tom crítico, mas construtivo, o texto correlaciona o tema com o momento atual do nosso país, carente por um combate mais duro por parte de todos os agentes de mercado.

Gostaríamos de parabenizar a todos os autores, as professoras orientadoras do Insper Direito, o Insper e a Editora Almedina pelo belo trabalho final que o leitor tem em mãos. Boa leitura e que venham novas edições recheadas de tantos outros ótimos artigos para perpetuar esta promissora Coleção.

ANDRÉ ANTUNES SOARES DE CAMARGO
Coordenador Geral do Insper Direito

PREFÁCIO

Já dizia a sabedoria popular que é pelos frutos que se conhece a árvore. E poderíamos emendar que é por uma relevante produção acadêmica que se conhece um bom projeto universitário.

Realmente, só nos surpreendemos com boas surpresas quando o aprendizado é sério e dedicado; quando alunos participam e professores interagem e quando a matéria é atual e significativa. E, ainda, quando a escolha dos assuntos transita num espectro do mais geral ao mais particular, num corte transversal das disciplinas jurídicas, entre direito público e privado. Enfim, priorizando a excelência de ensino e de aprendizado.

É certo que os tempos são os mais ingratos, especialmente no âmbito do mundo legal, regulamentar e judiciário, com toda sorte de desafios que surgem. No passado, havia uma discussão sobre aplicabilidade e constitucionalidade das leis e regulamentos. Hoje, o mesmo debate está alargado (para não dizer esgarçado) enormemente para muitos outros aspectos, caracteristicamente dramáticos. Daí a importância de uma bem pensada reflexão – ainda que introdutória – sobre muitos dos temas do Direito.

A presente coleção é fruto do trabalho de conclusão de curso de alunos dos programas de LLM de Mercados Financeiro e de Capitais, Societário, Tributário, de Contratos e de um novo programa denominado LLC Direito Empresarial, destinado aos recém-egressos das faculdades.

Há de se cumprimentar, inicialmente, todos os autores pela escolha dos temas por sua natureza inédita, pois, apesar da ampla bibliografia jurídica existente no Brasil, ainda temos assuntos que contam com referências escassas, embora tenham grande importância no contexto institucional brasileiro.

Temos, então, nesta coleção trabalhos bem escritos, coesos, sobre temas que vão do Direito falimentar à concorrência, dos novos ramos de Direito da infraestrutura e energia até assuntos polêmicos (e não pacificados) de Direito tributário, societário, imobiliário, passando por temas atualíssimos como lei anticorrupção e *compliance*.

Muitos têm abordagem multifacetada, enquanto outros são específicos; há aqueles que fazem certa retrospectiva histórica, enquanto outros se atêm a uma profunda pesquisa na área, inclusive enveredando pela análise jurisprudencial.

O que se vê na esteira destes trabalhos são planos e pesquisas muito bem empreendidos, com textos objetivos e precisos, apresentando bibliografia consistente e bem organizada, citações oportunas e estrutura lógica e bem encadeada.

Muitos poderiam afirmar que alguns destes estudos são muito ambiciosos – e, portanto, precoces para um primeiro trabalho. Pode ser verdade – e algumas escolhas macroscópicas sobre conjuntura bem o demonstram – mas é inegável que o papel da academia é exatamente este: desbravar áreas recentes, novas, pouco exploradas e incertas.

Frank Knight (1921), em *Risk, Uncertainty and Profit*, afirmava que a verdadeira função da administração é desenvolver mercados, avaliar produtos e técnicas e manejar a ação dos empregados, tarefas em que há incerteza e a informação precisa ser prospectada. Como isto não ocorre no vácuo, é o ambiente legal que dá forma a tais mecanismos. E é exatamente assim que a presente coleção precisa ser analisada.

PREFÁCIO

Um outro comentário mais geral é quanto à problematização dos temas aqui apresentados. Os autores reconhecem a complexidade dos assuntos, a dificuldade de caracterização jurídica (e, por vezes, da econômica), alguns até entram na seara concorrencial, mas o fazem sem perder a compreensão do panorama: qualquer trabalho acadêmico está inacabado, e assim é que deve ser, representando o primeiro de uma longa série.

Estão, portanto, de parabéns os coordenadores e professores do Insper, ao lado dos autores desta coleção. Ver um projeto dar frutos de qualidade é tudo o que se pode esperar da vocação acadêmica.

JAIRO SADDI
Presidente do Conselho do Insper Direito

SUMÁRIO

Oferta Pública de Aquisição de Ações por Alienação de Controle
Juliane Schwartz Teixeira 15

Análise do Caso Usiminas – A Vinculação ao Acordo de Acionistas
e a Conduta do Presidente do Conselho de Administração
Bruna Luiza Tarnovski Lopes 49

A Justa Causa para Exclusão de Sócio nas Sociedades Limitadas
Lúcia Bellomaria de Castro Azevedo Pinto 87

Cláusulas de Indenização e Resolução Contratual
em Operações de Fusão e Aquisição no Brasil:
Necessidade ou Mera Reprodução do Modelo Anglo-Saxão?
Marcelo Shima Luize 143

Riscos Societários na Nova Lei Anticorrupção – A Transferência
e a Assunção de Responsabilidades a Sociedades, Sócios
e Administradores
Vitor André Lopes da Costa Cruz 191

Oferta Pública de Aquisição de Ações por Alienação de Controle

JULIANE SCHWARTZ TEIXEIRA

1. Introdução

Este estudo tem como tema a oferta pública obrigatória de ações em caso de alienação do controle de companhias abertas, prevista na Lei nº 6.404/76. Trata-se de exigência legal para que a alienação do controle possa ser considerada eficaz e visa resguardar o direito dos acionistas minoritários de sair da companhia caso haja substituição do acionista controlador. Dentre as diversas doutrinas a este respeito, as três principais defendem, respectivamente, a repartição do prêmio apenas entre acionistas com direito a voto, a repartição do prêmio entre todos os acionistas minoritários e a limitação do prêmio apenas ao acionista controlador cujas ações estão sendo vendidas. A repartição do prêmio apenas entre acionistas minoritários com direito a voto nos parece infundada, especialmente se comparada à alternativa de repartição entre todos os acionistas minoritários.

O objetivo deste estudo é, portanto, analisar a possibilidade de extinção do repartimento do prêmio de controle ou, alternativamente, a possibilidade de extensão da oferta pública de aquisição de ações (OPA) a todos os acionistas, bem como aprofundar o estudo sobre as hipóteses de alienação de controle geradoras de obrigatoriedade da realização da OPA.

2. Controle à Luz da Lei Nº 6.404/1976
2.1. Conceito de Controle

A Lei nº 6.404, de 15 de dezembro de 1976, popularmente conhecida como Lei das Sociedades Anônimas, não conceitua controle, mas traz em seu artigo 116 o que se deve entender por acionista controlador. Vejamos:

> Art. 116. Entende-se por acionista controlador a pessoa, natural ou jurídica, ou o grupo de pessoas vinculadas por acordo de voto, ou sob controle comum, que:
>
> a) é titular de direitos de sócio que lhe assegurem, de modo permanente, a maioria dos votos nas deliberações da assembléia-geral e o poder de eleger a maioria dos administradores da companhia; e
>
> b) usa efetivamente seu poder para dirigir as atividades sociais e orientar o funcionamento dos órgãos da companhia.[1]

A Comissão de Valores Mobiliários (CVM) conceitua acionista controlador seguindo as mesmas premissas, nos termos da Instrução nº 361, de 05 de março de 2002:

> Art. 3º Para os efeitos desta Instrução, entende-se por:
>
> [...]
>
> IV – acionista controlador: a pessoa, natural ou jurídica, fundo ou universalidade de direitos ou o grupo de pessoas vinculadas por acordo de voto, ou sob controle comum, direto ou indireto, que:
>
> a) seja titular de direitos de sócio que lhe assegurem, de modo permanente, a maioria dos votos nas deliberações da assembléia

---

[1] BRASIL. Lei nº 6.404, de 15 de dezembro de 1976. Dispõe sobre as Sociedades por Ações. **Diário Oficial da União**, Brasília, DF, 17 dez. 1976. Seção 1, p. 1.

geral e o poder de eleger a maioria dos administradores da companhia; e

b) use efetivamente seu poder para dirigir as atividades sociais e orientar o funcionamento dos órgãos da companhia.[2]

Primeiramente, cumpre destacar que a lei admite como acionista controlador tanto um acionista isolado, pessoa física ou jurídica, quanto um grupo de acionistas atrelados por acordo de acionistas ou sob controle comum[3]. Segundo a lei, para um acionista ser considerado controlador devem ser verificadas três circunstâncias concomitantes.

A primeira é a titularidade de ações que garantam a maioria de votos nas assembleias gerais e o poder de eleger a maioria dos administradores. Frise-se que a lei não determina a titularidade de mais da metade das ações ou sequer de um número mínimo de ações. Por esta razão, é admitido o chamado controle minoritário, ou seja, o controle exercido por acionistas que detém menos da metade das ações votantes.

A segunda circunstância é a efetiva utilização do poder de controle nas deliberações, dirigindo-se, assim, as atividades da companhia. *"Pelas considerações até aqui expostas, entendemos que o núcleo da definição de controle, na sociedade anônima, reside no poder de determinar as deliberações da assembléia geral"*[4]. É possível afirmar,

---

[2] BRASIL. Comissão de Valores Mobiliários. Instrução CVM nº 361, de 5 de março de 2002. Dispõe sobre o procedimento aplicável às ofertas públicas de aquisição de ações de companhia aberta e dá outras providências. **Diário Oficial da União**, Brasília, DF, 07 mar. 2002. Disponível em: < http://www.cvm.gov.br/export/sites/cvm/legislacao/anexos/inst/300/inst361consolidsemmarcas.pdf>. Acesso em: 01 jun. 2015.
[3] LAZZARESCHI NETO, Alfredo Sérgio. **Lei das sociedades por ações anotada**. 4. ed. rev. atual e ampl. São Paulo: Saraiva, 2012. p. 116.
[4] COMPARATO, Fábio Konder. Controle Conjunto, abuso no exercício do voto acionário e alienação indireta de controle empresarial. In: _____. **Direito empresarial**: estudos e pareceres. São Paulo: Saraiva, 1990. p. 65.

portanto, que um acionista que detenha mais da metade das ações votantes, mas que não compareça às assembleias gerais e, assim, não exerça seu poder, não pode ser considerado acionista controlador[5].

Por fim, o exercício do poder de controle deve ser permanente, não se caracterizando como acionista controlador o acionista que exerce o poder de controle apenas em uma assembleia isolada ou em algumas assembleias esparsas. Neste sentido, o Colegiado da CVM decidiu:

> Outro ponto importante desse primeiro requisito é a necessidade de permanência do poder. Em razão dele, vencer uma eleição ou preponderar em uma decisão não é suficiente. É necessário que este acionista possa, juridicamente, fazer prevalecer sua vontade sempre que desejar [...].[6]

Verificadas todas estas características, configurar-se-á o acionista controlador. Cumpre agora estudar os diversos tipos de controle existentes.

2.2. Tipos de Controle

A legislação brasileira reconhece determinados tipos de controle. Já a doutrina apresenta outros tipos, com base, especialmente, em legislações estrangeiras e em situações reais de controle verificadas nas companhias. Este estudo seguirá a classificação apresentada por Comparato, em sua obra O Poder de

---

[5] PENNA, Paulo Eduardo. **Alienação de controle de companhia aberta**. São Paulo: Quartier Latin, 2012. p. 23.

[6] BRASIL. Colegiado da Comissão de Valores Mobiliários. **Processo RJ 2005/4069. Reg. Col. 4788/2005**. Companhia Brasileira de Distribuição. Relator: Pedro Oliva Marcílio de Sousa. Rio de Janeiro, 11 de abril de 2006. Disponível em: <http://www.cvm.gov.br/export/sites/cvm/decisoes/anexos/0002/4788-0.pdf>. Acesso em: 09 abr. 2015.

Controle na Sociedade Anônima, que divide o poder de controle entre externo e interno[7]. Fran Martins defende a mesma posição:

> Analisando a classificação de Berle e Means, com críticas judiciosas, o autor reconhece, como já o fizeram antes, a separação entre a propriedade de ações e o controle da sociedade para reconhecer que, nas sociedades anônimas, pode haver um controle "interno" e um controle "externo", o primeiro sendo "aquele cujo titular atua no interior da própria sociedade", que "parece fundar--se, unicamente, na propriedade das ações". Já o controle externo é aquele, caracterizado pela jurisprudência americana, em que, na sociedade anônima, "uma influência dominante (é) exercida por meios diversos do voto".[8]

2.2.1. Controle Interno
O controle interno se trata de controle exercido por figuras intrínsecas à companhia, como seus acionistas ou administradores. É subdividido em quatro categorias: controle totalitário, controle majoritário, controle minoritário e controle gerencial[9], a seguir detalhadas.

2.2.1.1. Controle totalitário
O controle totalitário se configura pela concentração da totalidade das ações da companhia em um único acionista ou grupo de acionistas, vinculados por meio de acordo de acionistas. Este tipo de controle existe apenas em companhias fechadas, haja vista que companhias abertas, por natureza, estão listadas na bolsa de

---

[7] COMPARATO, Fábio Konder; SALOMÃO FILHO, Calixto. **O poder de controle na sociedade anônima**. 5. ed. Rio de Janeiro: Forense, 2008, passim.
[8] MARTINS, Fran. **Comentários à lei das sociedades anônimas artigo por artigo**. 4. ed.. rev. e atual. Rio de Janeiro: Forense, 2010. p. 401.
[9] COMPARATO; SALOMÃO FILHO, op. cit., passim.

valores e, portanto, possuem acionistas minoritários. Ademais, Não existe a possibilidade de realização de OPA caso o controle seja alienado, uma vez que não há acionistas minoritários.

2.2.1.2. Controle majoritário

O controle majoritário é detido por um acionista ou por grupo de acionistas atrelados via acordo, os quais possuam ao menos metade mais uma das ações votantes da companhia. Para que o controle seja exercido por um grupo de acionistas é necessário um acordo de acionistas que preveja efetivamente o compartilhamento do controle. Ou seja, preveja que a tomada de determinadas decisões de controle somente serão feitas mediante aprovação dos signatários do acordo. Saddi apresenta as principais cláusulas encontradas em acordos de acionistas que caracterizam o controle compartilhado:

- acordo de voto conjunto para determinadas matérias, que somente podem ser objeto de aprovação, em assembleia geral ou em reunião de conselho de administração, se aprovadas em reunião prévia dos integrantes do acordo de acionistas;
- direito de preferência para aquisição das ações do signatário que deseja retirar-se da companhia;
- direito de eleger um número determinado de membros da diretoria e do conselho de administração;
- necessidade de aprovação, por parte de todos ou de maioria qualificada dos signatários, para o ingresso de novos sócios;
- direito de veto sobre matérias relevantes para o desenvolvimento dos negócios da companhia, como aumento de capital, distribuição de dividendos, investimentos ou empréstimos acima de certo valor, incorporação, fusão e cisão, etc.[10]

---

[10] SADDI, Jairo (Org.). **Fusões e aquisições**: aspectos jurídicos e econômicos. São Paulo: IOB, 2002. p. 237-238.

O Colegiado da CVM ressalta que *"Não se pode confundir controle compartilhado típico [...] com limitações ao exercício do controle (hipótese em que o acionista controlador pode exercer o controle isoladamente) [...]"*[11]. O controle majoritário é o tipo de controle mais comum no Brasil hoje. Por esta razão, é o principal objeto da OPA em caso de alienação de controle nas companhias abertas.

2.2.1.3. Controle minoritário

O controle minoritário se verifica quando um acionista ou grupo de acionistas detentores de menos da metade das ações com direito a voto da companhia conseguem controlá-la, geralmente em razão da pulverização de seu capital e da abstenção dos demais acionistas nas assembleias gerais[12]. Paulo Eduardo Penna destaca a este respeito:

> Nesse cenário, a maioria será apurada pelos acionistas presentes nas assembleias, o que propicia que um acionista (ou grupo de acionistas) titular de um reduzido número de ações consiga, de modo reiterado, fazer prevalecer sua vontade nas deliberações assembleares e eleger a maioria dos administradores. A esse controle, que se funda na titularidade de menos da metade das ações, dá-se o nome de controle minoritário.[13]

Por fim, importante ressaltar a instabilidade do controle minoritário. Esta se deve à possibilidade de outros acionistas

---

[11] BRASIL. Colegiado da Comissão de Valores Mobiliários. **Processo RJ 2005/4069. Reg. Col. 4788/2005.** Companhia Brasileira de Distribuição. Relator: Pedro Oliva Marcílio de Sousa. Rio de Janeiro, 11 de abril de 2006. Disponível em: <http://www.cvm.gov.br/export/sites/cvm/decisoes/anexos/0002/4788-0.pdf>. Acesso em: 09 abr. 2015.
[12] VON ADAMEK, Marcelo Vieira (Coord). **Temas de direito societário e empresarial contemporâneos.** São Paulo: Malheiros Editora, 2011.
[13] PENNA, op. cit., p. 24.

formarem novo bloco de controle, bastando que sejam titulares de ações em número maior que o bloco original.

2.2.1.4. Controle gerencial

Quase inexistente no Brasil, mas muito frequente nos Estados Unidos, o controle gerencial se caracteriza pela absoluta pulverização do capital social da companhia, a qual acaba por ser gerida por seus administradores. Estes, inclusive, costumam obter procurações dos acionistas para representá-los nas assembleias[14].

Este tipo de controle não está abrangido pelo art. 116 da Lei nº 6.404/76, uma vez que os administradores da companhia não são titulares de ações e, portanto, não satisfazem à exigência da alínea "a" do referido artigo. Entretanto, ele está contemplado na Lei nº 6.404/76, por exemplo, no parágrafo único do art. 249, ao mencionar que sociedades financeira ou **administrativamente** dependentes da companhia devem ser incluídas nas demonstrações financeiras consolidadas desta[15].

Ademais, este controle é facilmente substituído, bastando mera organização de acionistas para assumir o controle, ou ainda, compra de ações que garantam a um acionista o controle da empresa. Obviamente, não existe OPA nestes casos, pois o controlador não é acionista e, portanto, não possui ações para serem vendidas.

2.2.2. Controle externo

Enfim, estudaremos a segunda forma de controle apresentada por Comparato, o controle externo. Trata-se de controle exercido por terceiros, pessoas físicas ou jurídicas externas à com-

---

[14] OIOLI, Erik Frederico. **Oferta pública de aquisição do controle de companhias abertas.** São Paulo: Quartier Latin, 2010. p.87.
[15] BRASIL. Lei nº 6.404, de 15 de dezembro de 1976. Dispõe sobre as Sociedades por Ações. **Diário Oficial da União**, Brasília, DF, 17 dez. 1976. Seção 1, p. 1.

panhia que possuam influência nas decisões desta. O controle externo, em geral, advém de situações de endividamento da empresa e é exercido por credores desta. A esse respeito Comparato destaca:

> Em razão do seu direito de crédito, suja execução forçada pode levar a companhia à falência, o credor passa, muitas vezes, a dominar a devedora, comandando a sua exploração empresarial. [...] Mesmo sem essa caução das ações de controle, os maiores credores de uma sociedade em situação financeira difícil podem assumir o seu controle *de facto*, impondo condições para a renovação de empréstimos ou a reforma de dívidas, tais como a reorganização empresarial e o remanejamento da administração social.[16]

Assim, como o controle gerencial, o controle externo não se vincula ao art. 116 da Lei nº 6.404/76 e, portanto, não enseja a realização de OPA.

2.3. Controle Direto e Indireto

Além da classificação de controle apresentada por Comparato e estudada acima, é importante mencionar que a lei admite a divisão do controle entre direto e indireto. É possível verificar esta divisão no caso de subsidiárias integrais, cujo controle direto da sociedade veículo é exercido por sua acionista única e, o controle indireto é exercido pelos controladores desta.

O controle indireto é comum em grupos econômicos, nos quais há uma *holding* que detém participação em diversas outras sociedades. Os acionistas controladores desta *holding* serão os controladores indiretos das demais sociedades do grupo.

Estudar-se-á, agora, a alienação do controle. Dentre os pontos de análise, estão o conceito de alienação de controle e suas diversas modalidades.

---

[16] COMPARATO; SALOMÃO FILHO, op. cit., p. 90-91. (grifo do autor).

3. Alienação de Controle
3.1. Conceito de Alienação de Controle

A alienação de controle em companhias abertas é regulada pelo artigo 254-A da Lei nº 6.404, de 15 de dezembro de 1976. O conceito de alienação de controle vem previsto no parágrafo primeiro do referido artigo, segundo o qual a alienação de controle é caracterizada pela transferência de ações, valores mobiliários conversíveis em ações com direito a voto ou direitos de subscrição de ações ou outros títulos que resultem na alienação de controle acionário da sociedade, seja esta transferência direta ou indireta.

> §1º Entende-se como alienação de controle a transferência, de forma direta ou indireta, de ações integrantes do bloco de controle, de ações vinculadas a acordos de acionistas e de valores mobiliários conversíveis em ações com direito a voto, cessão de direitos de subscrição de ações e de outros títulos ou direitos relativos a valores mobiliários conversíveis em ações que venham a resultar na alienação de controle acionário da sociedade. (Incluído pela Lei nº 10.303, de 2001).[17]

O conceito de alienação de controle é trazido, também, pela Instrução CVM nº 361 que trata do assunto em seu artigo 29, §4º:

> §4º Para os efeitos desta instrução, entende-se por alienação de controle a operação, ou o conjunto de operações, de alienação de valores mobiliários com direito a voto, ou neles conversíveis, ou de cessão onerosa de direitos de subscrição desses valores mobiliários, realizada pelo acionista controlador ou por pessoas integrantes do grupo de controle, pelas quais um terceiro, ou um

---

[17] BRASIL. Lei nº 6.404, de 15 de dezembro de 1976. Dispõe sobre as Sociedades por Ações. **Diário Oficial da União**, Brasília, DF, 17 dez. 1976. Seção 1, p. 1.

conjunto de terceiros representando o mesmo interesse, adquira o poder de controle da companhia, como definido no art. 116 da Lei 6.404/76.[18]

É possível depreender que a alienação de controle engloba não só a alienação de ações, mas também a alienação de quaisquer valores mobiliários com direito a voto, ou neles conversíveis. Ademais, a alienação de controle pode ser feita em uma única operação, ou em várias, como será estudado neste capítulo.

Caracterizada a alienação de controle da companhia, é obrigatória a realização de OPA das demais ações com direito a voto. É necessário analisar, então, as hipóteses de alienação de controle que ensejam a obrigação de realização de OPA.

3.2. Modalidades de Alienação de Controle
3.2.1. Alienação de Controle Direta e Indireta

Para se enquadrar à regra do artigo 254-A, a alienação pode ser tanto direta quanto indireta. Será direta quando houver a transferência de valores mobiliários de titularidade da própria companhia. Já a alienação indireta se perfaz por intermédio de mecanismos que alterem indiretamente o controle, como a venda da empresa *holding* detentora de ações da companhia. A alienação indireta se refere, também, a acordos que de alguma forma transmitam o controle, como os acordos de acionistas.

Importante ressaltar que a doutrina tem entendido que a alienação de controle indireta se diferencia da mera reorganização societária, pela qual o poder de controle não é alterado. Neste caso, há apenas realocação de participações societárias, mantendo-se o controlador indireto. A mera reorganização

---

[18] BRASIL. Lei nº 6.404, de 15 de dezembro de 1976. Dispõe sobre as Sociedades por Ações. **Diário Oficial da União**, Brasília, DF, 17 dez. 1976. Seção 1, p. 1.

societária, portanto, não altera o controle indireto e, por conseguinte, não gera OPA. Neste sentido:

> Diante do exposto acima, conclui-se que a reestruturação societária que consolide o controle em uma nova sociedade holding, reorganizando as sociedades que detêm o controle direto, desde que mantido efetivamente, o poder de controle sob a titularidade do mesmo acionista controlador (indireto), não configura alienação de controle, para os efeitos do art. 254-A da Lei 6.404/76.[19]

Já a alienação indireta que altera o controlador indireto não configura mera reorganização e, portanto, gera obrigatoriedade de realização da OPA. Vendendo-se a *holding*, por exemplo, deve ser realizada a OPA da companhia.

3.2.2. Aquisição de Controle Originária e Derivada

A aquisição originária do controle pressupõe controle minoritário ou gerencial e se configura pela assinatura de acordo de acionistas ou pela compra de ações, de uma única vez ou em etapas, que lhes concedam o controle da companhia. Ela difere da aquisição derivada, na qual se adquire o controle por meio da transferência de ações detidas pelo antigo controlador.

> [...] pode-se entender que ocorre a aquisição derivada quando o controle é transferido pela pessoa ou grupo de pessoas que o detinha; pressupõe-se, no caso, a existência de um acionista controlador, que exercia o poder de controle e que o aliena ao adquirente. Já a aquisição originária do controle resulta da formação, no patrimônio do novo controlador, de um bloco de controle que não existia no patrimônio de outra pessoa ou grupo; o controle

---

[19] WALD, Arnold (Org.). **Doutrinas essenciais de direito empresarial**: sociedade anônima. São Paulo: Editora Revista dos Tribunais, 2011. v. 3. p.469.

não é adquirido de um acionista controlador, eis que inexistente o bloco de controle, mas forma-se seja por aquisições sucessivas no mercado, seja pela assinatura de um acordo de acionistas, seja mediante oferta pública para aquisição do controle (Lei das S/A, art. 257). Não há, no caso, transmissão de controle acionário, eis que ninguém o detinha, mas aquisição originária por parte do novo controlador.[20]

A aquisição derivada do poder pressupõe controle preexistente. Portanto, gera obrigatoriedade de realização da OPA.

Na aquisição derivada, o adquirente adquire um controle preexistente. Há, portanto, *transferência* do poder de controle. Assim, a propriedade vem para o adquirente nas mesmas condições em que estava no patrimônio do alienante. Há tipicamente aquisição derivada na cessão ou alienação negociada do controle. [21]

A necessidade de OPA em aquisições derivadas de controle é indubitável. No entanto, há discussão quanto à obrigatoriedade ou não em aquisições originárias.

Primeiramente, deve-se distinguir aquisição originária de aquisição semi-derivada. Carvalhosa apresenta esta distinção e explica que a aquisição semi-derivada é caracterizada pela alienação de ações do bloco de controle que deem a um novo controlador o controle, sem que, com isso, o bloco inteiro seja vendido[22]. Neste caso, a OPA deve ser feita.

No entanto, caso a transferência de ações realmente configure uma aquisição originária de controle, ou seja, a aquisição

---

[20] CARVALHOSA, Modesto; EIZIRIK, Nelson. **A nova lei das S.A.**. São Paulo: Saraiva, 2002. p. 405.
[21] OIOLI, Erik Frederico. **Oferta pública de aquisição do controle de companhias abertas**. São Paulo: Quartier Latin, 2010. p. 87. (grifo do autor).
[22] CARVALHOSA; EIZIRIK, op. cit., p. 407.

de um controle até então disperso, não haverá obrigatoriedade de realização da OPA. Este entendimento advém da necessidade de existência de um prêmio de controle pago ao alienante das ações, que deve ser repartido com os demais acionistas por meio da realização da OPA. No caso da aquisição originária do controle, não há o pagamento deste preço. Portanto, não haveria motivos para realização de uma oferta pública[23].

Em suma, as alienações de controle derivadas e semi-derivadas geram obrigação de OPA. Já a aquisição originária de controle, não.

3.3. Alienação de Controle em Etapas

Haverá obrigatoriedade de realização de OPA mesmo que a operação seja feita em diversas etapas, desde que se configure a venda do controle. Este é o entendimento de Carvalhosa e Eizirik:

> O §1º do art. 254-A destina-se principalmente à alienação do controle que se realiza *em etapas*, ao longo do tempo, numa sequência encadeada de operações que resultam na alienação do controle, à semelhança da *multistep acquisition* da prática norte-americana, na qual o interessado em adquirir o controle compra privadamente um bloco significativo de ações, depois lança uma oferta pública para comprar as ações dos minoritários no mercado [...].[24]

Neste caso, a operação será avaliada como uma só. Ou seja, mesmo que o prêmio de controle seja pago em uma etapa anterior à etapa na qual houve a efetiva transferência do controle, considerar-se-á a operação integral para fins do artigo 254-A.

---

[23] PENNA, op. cit., p. 108.
[24] CARVALHOSA; EIZIRIK, op. cit., p. 403-404. (grifo do autor).

3.4. Alienação de Controle Minoritário

O controle minoritário é previsto na legislação brasileira. Portanto, é importante analisar se a alienação deste controle minoritário gera obrigatoriedade de realização de OPA, nos termos do artigo 254-A.

Paulo Eduardo Penna entende que a lei prevê a existência do controle minoritário e não limita a obrigatoriedade da OPA apenas a casos de alienação da maioria das ações da companhia. Assim, ele entende que a OPA deve ser realizada:

> Em vista do exposto, e considerando que a LSA reconhece o fenômeno do controle minoritário e que o art. 254-A da LSA não elege um critério absoluto para a comprovação da alienação do controle, entendemos que, sendo o controle minoritário exercido com bases permanentes, sem que haja alguma circunstância que possa configurar uma efetiva ameaça a essa estabilidade, a sua transferência a um terceiro caracterizará a alienação do controle, obrigando o adquirente a realizar a OPA *a posteriori*. O bloco das ações minoritárias detidas pelo acionista ou grupo controlador constituirá, para todos os efeitos do art. 254-A, um bloco de controle.[25]

Há, no entanto, doutrinadores com entendimento diverso, como é o caso de Nelson Eizirik. Eizirik não aceita o conceito de controle minoritário e defende que apenas detentores da maioria das ações da companhia podem exercer o controle de forma permanente. Isto porque o minoritário poderia perder o controle a qualquer momento, bastando que o majoritário voltasse a participar efetivamente das decisões da empresa. Por esta razão, não seria necessária a OPA.

---

[25] PENNA, op. cit., p. 105. (grifo do autor).

Somente existe um "bloco de controle", como uma universalidade que pode ser objeto de negócios jurídicos próprios, se ele for composto por ações representativas de mais da metade do capital votante da companhia, de forma a assegurar ao seu titular, em qualquer circunstância, o exercício do poder de controle. Nas companhias sujeitas ao controle minoritário, não existe um "bloco de controle", mas apenas um conjunto de ações com direito a voto que, ocasionalmente, permite ao seu titular – o acionista controlador – exercer as prerrogativas que identificam o poder de controle.[26]

Este estudo se aproxima mais da tese defendida por Penna. Em companhias cujo capital seja pulverizado, encontra-se facilmente controle minoritário de modo permanente. Assim, caso este bloco minoritário seja vendido, a regra do artigo 254-A deve ser aplicada.

No entanto, este estudo também compartilha do pensamento de Eizirik, sobretudo em relação a empresas nas quais exista um acionista majoritário, detentor de mais da metade das ações, mas que por quaisquer motivos não exerce o controle a que teria direito, deixando este controle a cargo de um acionista minoritário. Neste caso, o controle minoritário pode não ser permanente, haja vista que o acionista majoritário pode, a qualquer momento, fazer valer seus diretos.

Assim, a conclusão a que se chega é que cada caso deve ser estudado individualmente, levando-se em consideração as minúcias de cada companhia e de cada relação societária.

Analisadas todas as hipóteses de alienação de controle, faz-se necessário, agora, estudar a OPA e suas peculiaridades.

---

[26] Eizirik, Nelson. Aquisição de controle minoritário: inexigibilidade de oferta pública. In: Castro, Rodrigo R. Monteiro de; Azevedo, Luiz André N. de Moura (Coords). **Poder de controle e outros temas de direito societário e mercado de capitais.** São Paulo: Quartier Latin, 2010. p. 186.

4. Oferta Pública de Aquisição de Ações
4.1. Características gerais

É obrigatório realizar OPA aos acionistas minoritários detentores de ações com direito a voto em caso de alienação de controle de companhias abertas. Trata-se da OPA por alienação de controle, prevista no artigo 254-A da Lei nº 6.404/76.

> Art. 254-A. A alienação, direta ou indireta, do controle de companhia aberta somente poderá ser contratada sob a condição, suspensiva ou resolutiva, de que o adquirente se obrigue a fazer oferta pública de aquisição das ações com direito a voto de propriedade dos demais acionistas da companhia, de modo a lhes assegurar o preço no mínimo igual a 80% (oitenta por cento) do valor pago por ação com direito a voto, integrante do bloco de controle. (Incluído pela Lei nº 10.303, de 2001).[27]

Referido artigo foi incluído pela Lei nº 10.303, de 31 de outubro de 2001. Visa garantir aos acionistas minoritários de companhias abertas a participação no prêmio de controle pago aos acionistas majoritários em caso de alienação da participação acionária destes.

A OPA é também regulada pela Instrução CVM nº 361, de 05 de março de 2002:

> Art. 2º A Oferta Pública de Aquisição de ações de companhia aberta (OPA) pode ser de uma das seguintes modalidades:
> [...]
> III – OPA por alienação de controle: é a OPA obrigatória, realizada como condição de eficácia de negócio jurídico de aliena-

---

[27] BRASIL. Lei nº 6.404, de 15 de dezembro de 1976. Dispõe sobre as Sociedades por Ações. **Diário Oficial da União**, Brasília, DF, 17 dez. 1976. Seção 1, p. 1.

ção de controle de companhia aberta, por força do art. 254-A da Lei 6.404/76;[28]

O artigo 254-A determina que o preço pago aos acionistas minoritários que desejarem vender suas ações no contexto da OPA deverá ser, ao menos, igual a 80% do valor pago a cada ação com direito a voto do bloco de controle. Caso a companhia esteja listada no Novo Mercado, segmento de listagem da BM&FBovespa, tal valor deve corresponder a 100% do valor pago por ação integrantes do bloco de controle. Barbosa Filho afirma a respeito do artigo 254-A:

> A partir de seu texto, foi reintroduzida no Brasil, diante de negócios jurídicos que impliquem a alienação direta ou indireta de controle de uma companhia aberta, a obrigatoriedade da efetivação de oferta pública, destinada a estender, a todos os acionistas detentores de direitos políticos (em geral, os ordinaristas), os benefícios patrimoniais decorrentes, ao que corresponde o sobrepreço atribuído às ações componentes do bloco de controle.[29]

A realização da OPA é condição suspensiva ou resolutiva para eficácia da alienação de controle. Isto significa que o contrato de compra e venda do controle não produzirá efeitos até que a OPA seja realizada (condição suspensiva) ou perderá seus

---

[28] BRASIL. Comissão de Valores Mobiliários. Instrução CVM nº 361, de 5 de março de 2002. Dispõe sobre o procedimento aplicável às ofertas públicas de aquisição de ações de companhia aberta e dá outras providências. **Diário Oficial da União**, Brasília, DF, 07 mar. 2002. Disponível em: < http://www.cvm.gov.br/export/sites/cvm/legislacao/anexos/inst/300/inst361consolidsemmarcas.pdf>. Acesso em: 01 jun. 2015.

[29] BARBOSA FILHO, Marcelo Fortes. **Sociedade Anônima Atual**: comentários e anotações às inovações trazidas pela Lei n. 10.303/01 ao texto da Lei n. 6.404/76. São Paulo: Editora Atlas, 2004. p. 251.

efeitos, sendo anulado, caso a OPA não seja realizada (condição resolutiva)[30].

Desta forma, a CVM deve analisar se a OPA atende os requisitos legais para, então autorizar a alienação de controle[31]. Esta premissa é evidenciada nos termos do parágrafo segundo do artigo 254-A:

> §2º A Comissão de Valores Mobiliários autorizará a alienação de controle de que trata o caput, desde que verificado que as condições da oferta pública atendem aos requisitos legais. (Incluído pela Lei nº 10.303, de 2001).[32]

O ponto central da OPA por alienação de controle é o rateio do prêmio de controle. É, então, imprescindível analisar detalhadamente este sobrevalor.

4.2. Prêmio de Controle

Conforme previamente mencionado, a OPA visa garantir que o prêmio de controle pago ao acionista controlador seja rateado entre os acionistas minoritários. Para que este prêmio de controle seja estendido aos demais acionistas, a Lei 6.404/76 determina em seu artigo 254-A que o preço pago por ação aos acionistas minoritários que aderirem à OPA seja, no mínimo, igual a 80% (oitenta por cento) do valor pago por ação ao alienante do controle.

O prêmio de controle diz respeito ao valor pago ao acionista controlador em razão do poder atribuído ao controle. Trata-se

---

[30] CARVALHOSA, Modesto. **Oferta pública de aquisição de ações**. Rio de Janeiro: IBMEC, 1979. p. 41.
[31] CARVALHOSA, Modesto. **Comentários à lei de sociedades anônimas**. São Paulo: Saraiva, 2003. v. 4. tomo II. p. 176.
[32] BRASIL. Lei nº 6.404, de 15 de dezembro de 1976. Dispõe sobre as Sociedades por Ações. **Diário Oficial da União**, Brasília, DF, 17 dez. 1976. Seção 1, p. 1.

de um sobrevalor ao preço das ações da companhia, pago ao alienante do controle. Mauro Rodrigues Penteado esclarece que *"O poder de controle acionário, é escusado dizer, tem significativo valor econômico, que é melhormente verificado quando de sua alienação"*[33].

O bloco de controle tem diversos direitos e poderes a ele inerentes, aos quais os demais acionistas não têm acesso. Dentre estes está o direito de eleger o maior número de diretores e conselheiros de administração, direcionando, assim, os negócios e a tomada de decisões na companhia, dentro dos limites estabelecidos pela lei e pelo estatuto social. Este é um dos motivos pelos quais o preço das ações componentes deste bloco possui um sobrevalor, o prêmio de controle[34].

Muitos doutrinadores defendem que o sobrevalor está ligado somente ao poder de controle decorrente do bloco de controle[35], ou seja, da influência política detida por estes acionistas[36]. *"O bloco de ações representativas do controle significa um instrumento de poder, uma vez que, além do direito de participar na sociedade, traz consigo o comando da empresa; vem daí o sobrevalor que o acompanha"*[37].

Em sentido contrário, há doutrinadores que defendem que este sobrevalor reflete ativos e intangíveis da companhia, os quais também pertencem aos acionistas minoritários:

---

[33] PENTEADO, Mauro Rodrigues. Apontamentos sobre a alienação de controle de companhias abertas. **Revista de Direito Mercantil, Industrial, Econômico e Financeiro**, São Paulo, n. 76, p.170, 1989.
[34] COMPARATO, Fábio Konder; SALOMÃO FILHO, Calixto. **O poder de controle na sociedade anônima**. 4. ed. Rio de Janeiro: Forense, 2005. p. 28.
[35] CARVALHOSA; EIZIRIK, op. cit., p. 391.
[36] WALD, Arnold. Do descabimento da oferta pública de compra em relação às ações preferenciais. **Revista de Direito Mercantil, Industrial, Econômico e Financeiro**. São Paulo. n. 45, ano XXI, p.9., 1982.
[37] BORBA, José Edwaldo Tavares. **Direito Societário**. 11. ed. Rio de Janeiro: Renovar, 2008. p. 521.

Diversas razões fundamentam a obrigatoriedade de compartilhamento do ágio decorrente da venda do controle, como por exemplo, o fato de tal ágio refletir a valorização patrimonial da companhia, para a qual também contribuíram os acionistas minoritários ou o fato de que o valor de venda do controle inclui não apenas o poder de dirigir a companhia, mas os intangíveis e outros ativos que também pertencem aos acionistas minoritários, justificando-se, assim, que estes recebam ao menos parte do ágio apurado na operação de transferência de controle.[38]

Outros doutrinadores entendem, ainda, que o referido artigo tem como principal foco evitar o pagamento indiscriminado de altos valores em operações de venda do controle, disfarçados sob a forma de prêmio de controle[39]. Estas são as principais correntes no tocante à justificativa de criação desta norma.

4.3. Destinatários da OPA

O artigo 254-A é claro no sentido de dividir o prêmio de controle entre todos os acionistas com direito a voto. Ficam excluídos desta divisão, então, acionistas detentores de ações preferenciais que não tenham direito a voto. Este é o entendimento da primeira corrente de doutrinadores, que defendem a divisão do prêmio de controle apenas entre acionistas detentores de ações com direito a voto. É, também, a previsão do artigo 29 da Instrução CVM nº 361:

> Art. 29. A OPA por alienação de controle de companhia aberta será obrigatória, na forma do art. 254-A da Lei 6.404/76, sempre que houver alienação, de forma direta ou indireta, do controle de

---

[38] EIZIRIK, Nelson et al. **Mercado de capitais**: regime jurídico. 3. ed. rev. e ampl. Rio de Janeiro: Renovar, 2011. p. 608.
[39] TEIXEIRA, Egberto Lacerda; GUERREIRO, José Alexandre Tavares. **Das sociedades anônimas no direito brasileiro**. São Paulo: J. Bushatsky, 1979. p. 405.

companhia aberta, e terá por objeto todas as ações de emissão da companhia às quais seja atribuído o pleno e permanente direito de voto, por disposição legal ou estatutária.[40]

Há doutrinadores, no entanto, que defendem a divisão do prêmio de controle entre todos os acionistas, independentemente do poder de voto. Ou seja, sejam eles acionistas ordinaristas ou preferencialistas. Trata-se da segunda corrente.

O principal argumento destes doutrinadores é a composição do prêmio de controle. Para eles, o prêmio de controle é composto, dentre outros elementos, pela valorização patrimonial da companhia, pela perspectiva de rentabilidade desta e pelos ativos da companhia[41]. Estes elementos abrangem não só os acionistas com direito a voto, mas também aqueles que não possuam direitos políticos. Ademais, os acionistas não possuem diferenças no que diz respeito à divisão de bens do acervo e à formação do capital social.

Nelson Eizirik elucida que a OPA pode ter como função garantir uma forma de saída ao acionista minoritário, já que a alteração do controle da companhia pode ter diversos impactos, além de o novo controlador não possuir *affectio societatis* com os minoritários. Por estas razões, a OPA por alienação de controle resguarda o direito do acionista minoritário de não se manter

---

[40] BRASIL. Comissão de Valores Mobiliários. Instrução CVM nº 361, de 5 de março de 2002. Dispõe sobre o procedimento aplicável às ofertas públicas de aquisição de ações de companhia aberta e dá outras providências. **Diário Oficial da União**, Brasília, DF, 07 mar. 2002. Disponível em: < http://www.cvm.gov.br/export/sites/cvm/legislacao/anexos/inst/300/inst361consolidsemmarcas.pdf>. Acesso em: 01 jun. 2015.

[41] ANDREZZO, Andrea Fernandes. A alienação de controle de companhia aberta e a recente reforma da legislação societária: efetivo avanço?. **Revista de Direito Mercantil, Industrial, Econômico e Financeiro**, v. 130, p. 160-179, abr./jun. 2003.

associado ao acionista controlador ingressante, devendo ser estendida a todos os acionistas minoritários[42].

Além disso, outro fundamento que justifica a exigência da realização da oferta pública nas hipóteses de alienação de controle consiste no fato de que os minoritários, ao decidirem investir em determinada companhia aberta, levam em consideração quem é seu controlador, isto é, quem efetivamente irá conduzir os negócios sociais. É na figura do controlador que os acionistas minoritários depositam sua confiança e, sob este aspecto, trata-se de verdadeira relação *intuitu personae*. [...] Logo, justifica-se que, na hipótese de mudança de controle, os minoritários tenham o direito de saída, caso não concordem em permanecer associados ao novo acionista controlador.[43]

Importante mencionar, ainda, que os acionistas preferencialistas sem direito a voto possuem menos ferramentas de defesa contra os novos controladores e suas decisões, já que não podem se opor às suas decisões através do voto. Por estas razões, não deveria haver diferenciação quanto à divisão do prêmio de controle[44]. Ainda neste sentido:

> *However, such a view ignores the risks which the control shift generates for the minority. The acquirer, even if it does not intend to loot the company, may embark upon a different and less successful strategy; may be less respectful of the minority's interests and rights; or may just simply use de acquired control systematically for implementing a group strategy*

---

[42] EIZIRIK, Nelson. **A lei das S.A. comentada**. São Paulo: Quartier Latin, 2011. v. 3. p. 416-417.
[43] EIZIRIK, Nelson et al. **Mercado de capitais**: regime jurídico. 3. ed. rev. e ampl. Rio de Janeiro: Renovar, 2011. p. 609. (grifo do autor).
[44] AMENDOLARA, Leslie. **Os direitos dos acionistas minoritários**: com as alterações da lei 9457/97. São Paulo: Editora STS, 1998. p. 105-106.

at the expense of the new group member company and its minority shareholders.[45]

Por fim, a terceira corrente defende que o prêmio de controle não deve ser repartido com os acionistas minoritários, sendo direito apenas do acionista controlador. Esta corrente parte do pressuposto de que o poder de controle pertence ao acionista controlador, a quem cabe administrar a sociedade, seja direta ou indiretamente. O controlador é responsável pela gestão que faz, tanto perante a companhia e demais acionistas, quanto perante terceiros, em determinadas situações. Ademais, ele possui os direitos decorrentes deste controle.

Assim, cabendo ao controlador os deveres e direitos do poder de controle, é justo que o sobrevalor agregado a este poder seja a ele destinado, exclusivamente. Sobre este ponto, Pereira ressalta:

> A atribuição de um valor patrimonial ou valor de mercado ao poder de controle não representa uma distorção quer sob o aspecto econômico, quer sob o jurídico ou mesmo ético-social. Por outro lado, tampouco representa uma prática iníqua que esse valor seja recebido com exclusividade por aquele que exerce as prerrogativas decorrentes desse poder. E a razão disso é que tal poder não pertence à totalidade dos acionistas, nem ao conjunto de acionistas com direito a voto, mas àqueles que detém os meios – a titularidade do número de ações – que lhe permitem fazer valer sua orientação na empresa.[46]

Lamy Filho e Bulhões Pedreira defendem esta tese. Estes autores entendem que a previsão de OPA por alienação de con-

---

[45] KRAAKMAN, Reinier. (Org.). **The anatomy of corporate law**: a comparative and functional approach. 2. ed. Oxford: Oxford University Press, 2009. p. 258.
[46] PEREIRA, Guilherme Doring Cunha. **Alienação do poder de controle acionário**. São Paulo: Saraiva, 1995. p. 287.

trole é incompatível com as características básicas da sociedade anônima:

> [...] define um novo direito dos acionistas de companhias abertas, incompatível com a natureza da sociedade anônima, que não diz respeito à participação nos resultados ou no acervo da própria sociedade, mas no preço pelo qual cada acionista vende ações de sua propriedade.[47]

Este é o entendimento ao qual este estudo mais se aproxima. Não há que se falar em divisão do prêmio de controle entre os demais acionistas. Os acionistas têm direito aos resultados da sociedade e ao acervo desta, mas não aos montantes pagos a outros acionistas no momento da venda de suas ações[48]. Neste sentido:

> O primeiro, liderado por Manne, Easterbrook, Fischel e Posner, prega pela maior liberdade possível do mercado de controle societário, pois entende que este se acomoda via preço. Nesta linha bastante liberal, seus autores entendem que o *prêmio* pago pelo poder de controlar a companhia, quando de sua alienação, é exclusivamente do controlador. E, sendo assim, afirmam não haver qualquer abuso a ser regulado por lei, na apropriação do prêmio de controle pelos controladores alienantes.[49]

A sociedade anônima não é um tipo societário pautado na pessoa dos acionistas, como a sociedade simples ou a sociedade

---

[47] LAMY FILHO, Alfredo; PEDREIRA, José Luiz Bulhões. **A lei das S.A.** 3. ed. Rio de Janeiro: Renovar, 1997. p. 278.
[48] CASQUET, Andréia Cristina Bezerra. **Alienação de Controle de Companhias Fechadas**. São Paulo: Quartier Latin, 2015. p. 72-73.
[49] KUYVEN, Luiz Fernando Martins (Org.). **Temas essenciais de direito empresarial**: estudos em homenagem a Modesto Carvalhosa. São Paulo: Saraiva, 2012. p. 994. (grifo do autor).

limitada, especialmente a companhia aberta. Por esta razão, não faz sentido o argumento de que a alteração do acionista controlador pode afetar a *affectio societatis*, devendo, assim, garantir um direito de retirada ao acionista minoritário.

O acionista minoritário é livre para sair da companhia a qualquer momento, vendendo suas ações em bolsa de valores ou por intermédio de negociações particulares. Portanto, não é necessária a criação de um artigo na lei apenas para regular esta opção de saída em sociedades anônimas.

É possível depreender, então, que o escopo do artigo 254-A não é garantir a saída de acionistas. Ele visa garantir que o valor pago pelo controle, o prêmio de controle, seja repartido entre os demais acionistas.

Os direitos dos acionistas não devem ser iguais quanto ao valor recebido por cada acionista pela venda de suas ações, sejam eles majoritários ou não. O preço das ações é variável e depende do momento da companhia e da economia no período da negociação, o que engloba o número de ações ofertadas no mercado, a procura por estas e a avaliação da companhia. Esta variação é intrínseca ao mercado de valores mobiliários, tanto em companhias abertas quanto fechadas.

Ademais, o sobrevalor pago na alienação do bloco de controle também existe na alienação de outros blocos de ações, mesmo que não representem o controle da empresa. *"Com a recente atribuição aos minoritários do direito de eleger em separado membros do Conselho de Administração (art. 141, §4º, lei societária) esse valor adicional (estratégico) de participação no negócio fica caracterizado"*[50]. Este é, também, o argumento de Tourinho:

> É o caso, por exemplo, do bloco de ações equivalentes a 5% do capital social, capaz de conferir a seu titular a prerrogativa de requisição de exibição de livros (art. 105), de informações ao

---

[50] COMPARATO; SALOMÃO FILHO, op. cit., p. 242.

Conselho Fiscal (art. 163, §6º), bem como de propositura de ação de responsabilidade contra os administradores (art. 159, §4º). Tal *"bloco"* tende a valer mais do que uma ação individualmente – e isso é natural já que confere mais direitos do que uma ação isoladamente. Nada mais normal, então, que ao ser alienado seja atribuído a esse bloco um prêmio em relação ao valor de mercado de uma ação isolada. [...] Esse prêmio integra o preço pago por *qualquer conjunto* de ações, sendo inerente a todas as transações de compra e venda de ações, na medida das vantagens que o respectivo bloco ofereça.[51]

Argumenta-se que o prêmio de controle é calculado com base na expectativa de rentabilidade da companhia e seu intangível. No entanto, é possível contra argumentar que qualquer precificação de ações é feita com base em rentabilidade futura, independentemente das ações representarem dez por cento do capital ou noventa por cento deste. Conclui-se, portanto, que apenas o acionista controlador faz jus ao prêmio de controle, devendo este ser integralmente mantido por ele.

4.4. Hipóteses de realização da OPA

Conforme estudado no segundo capítulo deste estudo, há diversas espécies de alteração do controle de uma companhia que podem gerar obrigatoriedade de OPA.

Haverá obrigatoriedade de realização da OPA nos seguintes casos: (i) alienação direta do controle; (ii) alienação indireta do controle, desde que não configure mera reorganização societária; (iii) aquisição derivada do controle; (iv) aquisição semi-derivada do controle; (v) operações de alienação do controle

---

[51] TOURINHO, Marcelo Abreu dos Santos. **Oferta pública de aquisição de ações por alienação de controle de companhias abertas brasileiras**. 2012. 158 f. Dissertação (Mestrado em Direito Comercial) – Pontifícia Universidade Católica de São Paulo PUC-SP, São Paulo. p. 61. (grifo do autor).

feitas em etapas; e (vi) alienação do controle minoritário, para alguns doutrinadores.

Por conseguinte, não será necessária a OPA nas seguintes hipóteses: (i) alienação indireta do controle se configurar mera reorganização societária; (ii) aquisição originária do controle; e (iii) alienação do controle minoritário, para alguns doutrinadores.

A alienação do controle minoritário, como estudado, deve ser avaliada caso a caso, para se verificar a necessidade de realização da OPA.

4.5. Prêmio para permanência do acionista minoritário

O parágrafo quarto do artigo 254-A inova ao determinar que cabe ao adquirente do controle societário a opção de oferecer aos acionistas minoritários detentores de ações com direito a voto, a chance de permanecer na companhia, recebendo para tanto valor equivalente à diferença entre o prêmio de controle pago e o valor de mercado das ações. O acionista minoritário poderá escolher entre vender sua participação ao adquirente do controle, recebendo percentual do prêmio de controle, ou permanecer na companhia e receber uma indenização.

§4º O adquirente do controle acionário de companhia aberta poderá oferecer aos acionistas minoritários a opção de permanecer na companhia, mediante o pagamento de um prêmio equivalente à diferença entre o valor de mercado das ações e o valor pago por ação integrante do bloco de controle.[52]

No mesmo sentido, a CVM em sua Instrução 361 prevê a possibilidade de permanência do acionista minoritário mediante pagamento do prêmio de permanência:

---

[52] BRASIL. Lei nº 6.404, de 15 de dezembro de 1976. Dispõe sobre as Sociedades por Ações. **Diário Oficial da União**, Brasília, DF, 17 dez. 1976. Seção 1, p. 1.

Art. 30. Na forma do § 4o do art. 254-A da Lei 6.404/76, o adquirente do controle acionário poderá oferecer aos acionistas minoritários destinatários da OPA um prêmio no mínimo equivalente à diferença entre o valor de mercado das ações e o valor pago por ação integrante do bloco de controle.

§1º Oferecida tal faculdade, os acionistas poderão manifestar, no leilão da OPA, sua opção por receber o prêmio, ao invés de aceitar a OPA, entendendo-se que todos os acionistas que não se manifestarem aceitam e fazem jus ao prêmio.

§2º Por valor de mercado, para efeito da apuração do prêmio a que se refere o caput, entender-se-á a cotação média ponderada das ações objeto da oferta, nos últimos 60 (sessenta) pregões realizados antes da divulgação do aviso de fato relevante que der notícia da alienação do controle.[53]

Trata-se, portanto, de mais uma alternativa ao acionista minoritário.

5. Conclusão

Este estudo analisou primeiramente o controle segundo a legislação societária brasileira. Verificou-se que, no Brasil, são admitidas diversas formas de controle, dentre as quais o controle totalitário, o majoritário e o minoritário. Outras formas, como o controle gerencial e o externo, não estão previstas na legislação brasileira, pois esta exige que o controlador detenha ações da companhia.

Analisou-se, ainda, a alienação do controle e suas diversas espécies. Constatou-se que a alienação de controle é caracte-

---

[53] BRASIL. Comissão de Valores Mobiliários. Instrução CVM nº 361, de 5 de março de 2002. Dispõe sobre o procedimento aplicável às ofertas públicas de aquisição de ações de companhia aberta e dá outras providências. **Diário Oficial da União**, Brasília, DF, 07 mar. 2002. Disponível em: < http://www.cvm.gov.br/export/sites/cvm/legislacao/anexos/inst/300/inst361consolidsemmarcas.pdf>. Acesso em: 01 jun. 2015.

rizada pela venda de valores mobiliários com direito a voto, ou neles conversíveis, a um terceiro, em número suficiente para que este possa exercer o controle da companhia.

Dentre suas espécies, concluiu-se que a alienação de controle direta, as aquisições derivada e semi-derivada e a alienação indireta que não configure mera reorganização societária ensejam a obrigatoriedade de realização de OPA para compra das ações dos acionistas minoritários que assim desejarem. Quaisquer destas operações podem ser feitas em uma única etapa ou em várias. Já as alienações de controle indiretas que configurem mera reorganização societária e as aquisições originárias de controle não geram esta obrigatoriedade. Ainda, as alienações de controle minoritário devem ser analisadas caso a caso.

Por fim, examinou-se a OPA em si, as razões de sua criação e os detalhes sobre o prêmio de controle. Além disso, evidenciou-se a discussão sobre os destinatários da oferta. Concluiu-se que a OPA tem como principal intenção repartir o prêmio de controle entre os acionistas minoritários, seja para coibir o pagamento de elevados montantes em operações societárias, seja para garantir ao acionista minoritário o direito de repartir o prêmio de controle.

Com relação à destinação da oferta pública, constatou-se haver três correntes principais. A primeira defende que a OPA deva ser destinada apenas a acionistas minoritários com direito a voto, nos termos da lei. A segunda entende que a oferta deveria ser estendida aos acionistas preferencialistas sem direito a voto. Já a terceira entende que o prêmio de controle é um direito do acionista controlador e, portanto, apenas este deveria recebê-lo, sem dividi-lo com os demais acionistas.

Este estudo concluiu que o prêmio de controle não deveria ser repartido entre os demais acionistas, por se tratar de direito inerente à condição de acionista controlador. Não é compatível com o mercado de capitais que os acionistas possam participar do valor pago pela venda de ações de outro acionista. Desta forma, sendo o acionista em foco o controlador da companhia, este terá direito de negociar um sobrevalor ao seu bloco de ações, assim como um acionista minoritário com um bloco relevante de ações também poderá negociar um sobrevalor em razão dos direitos decorrentes deste pequeno bloco.

Por esta razão, este estudo defende que o artigo 254-A da Lei nº 6.404/76 seja modificado, para extinguir a repartição do prêmio de controle, mantendo-se, apenas, o direito de saída decorrente da alteração do controle da companhia. Alternativamente, defende que, ao menos, seja estendido a todos os acionistas preferenciais o direito de participar da oferta pública, tornando-se uma regra universal, aplicável a todos os acionistas minoritários, e não apenas aos acionistas com direito a voto.

Referências

AMENDOLARA, Leslie. **Os direitos dos acionistas minoritários:** com as alterações da lei 9457/97. São Paulo: Editora STS, 1998.

ANDREZZO, Andrea Fernandes. A alienação de controle de companhia aberta e a recente reforma da legislação societária: efetivo avanço?. **Revista de Direito Mercantil, Industrial, Econômico e Financeiro**, v. 130, p. 160-179, abr./jun. 2003.

BARBOSA FILHO, Marcelo Fortes. **Sociedade Anônima Atual:** comentários e anotações às inovações trazidas pela Lei n. 10.303/01 ao texto da Lei n. 6.404/76. São Paulo: Editora Atlas, 2004.

BORBA, José Edwaldo Tavares. **Direito Societário**. 11. ed. Rio de Janeiro: Renovar, 2008.

BRASIL. Colegiado da Comissão de Valores Mobiliários. **Processo RJ 2005/4069. Reg. Col. 4788/2005**. Companhia Brasileira de Distribuição. Relator: Pedro Oliva Marcílio de Sousa. Rio de Janeiro, 11 de abril de 2006. Disponível em: <http://www.cvm.gov.br/export/sites/cvm/decisoes/anexos/0002/4788-0.pdf>. Acesso em: 09 abr. 2015.

BRASIL. Comissão de Valores Mobiliários. Instrução CVM nº 361, de 05 de março de 2002. Dispõe sobre o procedimento aplicável às ofertas públicas de aquisição de ações de companhia aberta e dá outras providências. **Diário Oficial da União**, Brasília, DF, 07 mar. 2002. Disponível em: <

http://www.cvm.gov.br/export/sites/cvm/legislacao/anexos/inst/300/inst361consolidsemmarcas.pdf>. Acesso em: 01 jun. 2015.

BRASIL. Lei nº 6.404, de 15 de dezembro de 1976. Dispõe sobre as Sociedades por Ações. **Diário Oficial da União**, Brasília, DF, 17 dez. 1976. Seção 1, p. 1.

CARVALHOSA, Modesto; EIZIRIK, Nelson. **A nova lei das S.A.**. São Paulo: Saraiva, 2002.

CARVALHOSA, Modesto. **Comentários à lei de sociedades anônimas**. São Paulo: Saraiva, 2003. v. 4. tomo II.

CARVALHOSA, Modesto. **Oferta pública de aquisição de ações**. Rio de Janeiro: IBMEC, 1979.

CASQUET, Andréia Cristina Bezerra. **Alienação de Controle de Companhias Fechadas**. São Paulo: Quartier Latin, 2015.

COMPARATO, Fábio Konder. Controle Conjunto, abuso no exercício do voto acionário e alienação indireta de controle empresarial. In: _____. **Direito empresarial**: estudos e pareceres. São Paulo: Saraiva, 1990.

COMPARATO, Fábio Konder; SALOMÃO FILHO, Calixto. **O poder de controle na sociedade anônima**. 4. ed. Rio de Janeiro: Forense, 2005.

COMPARATO, Fábio Konder; SALOMÃO FILHO, Calixto. **O poder de controle na sociedade anônima**. 5. ed. Rio de Janeiro: Forense, 2008.

EIZIRIK, Nelson. **A lei das S.A. comentada**. São Paulo: Quartier Latin, 2011. v. 3.

EIZIRIK, Nelson et al. **Mercado de capitais**: regime jurídico. 3. ed. rev. e ampl. Rio de Janeiro: Renovar, 2011.

EIZIRIK, Nelson. Aquisição de controle minoritário: inexigibilidade de oferta pública. In: CASTRO, Rodrigo R. Monteiro de; AZEVEDO, Luiz André N. de Moura (Coords). **Poder de controle e outros temas de direito societário e mercado de capitais**. São Paulo: Quartier Latin, 2010.

KRAAKMAN, Reinier. (Org.). **The anatomy of corporate law**: a comparative and functional approach. 2. ed. Oxford: Oxford University Press, 2009.

KUYVEN, Luiz Fernando Martins (Org.). **Temas essenciais de direito empresarial**: estudos em homenagem a Modesto Carvalhosa. São Paulo: Saraiva, 2012.

LAMY FILHO, Alfredo; PEDREIRA, José Luiz Bulhões. **A lei das S.A.** 3. ed. Rio de Janeiro: Renovar, 1997.

LAZZARESCHI NETO, Alfredo Sérgio. **Lei das sociedades por ações anotada**. 4. ed. rev. atual e ampl. São Paulo: Saraiva, 2012.

MARTINS, Fran. **Comentários à lei das sociedades anônimas artigo por artigo**. 4. ed.. rev. e atual. Rio de Janeiro: Forense, 2010.

OIOLI, Erik Frederico. **Oferta pública de aquisição do controle de companhias abertas**. São Paulo: Quartier Latin, 2010.

PENNA, Paulo Eduardo. **Alienação de controle de companhia aberta**. São Paulo: Quartier Latin, 2012.

PENTEADO, Mauro Rodrigues. Apontamentos sobre a alienação de controle de companhias abertas. **Revista de Direito Mercantil, Industrial, Econômico e Financeiro**, São Paulo, n. 76, p.170, 1989.

PEREIRA, Guilherme Doring Cunha. **Alienação do poder de controle acionário**. São Paulo: Saraiva, 1995.

SADDI, Jairo (Org.). **Fusões e aquisições**: aspectos jurídicos e econômicos. São Paulo: IOB, 2002.

TEIXEIRA, Egberto Lacerda; GUERREIRO, José Alexandre Tavares. **Das sociedades anônimas no direito brasileiro**. São Paulo: J. Bushatsky, 1979.

TOURINHO, Marcelo Abreu dos Santos. **Oferta pública de aquisição de ações por alienação de controle de companhias abertas brasileiras**. 2012. 158 f. Dissertação (Mestrado em Direito Comercial) – Pontifícia Universidade Católica de São Paulo PUC-SP, São Paulo.

WALD, Arnold. Do descabimento da oferta pública de compra em relação às ações preferenciais. **Revista de Direito Mercantil, Industrial, Econômico e Financeiro**. São Paulo. n. 45, ano XXI, p.9., 1982.

WALD, Arnold (Org.). **Doutrinas essenciais de direito empresarial**: sociedade anônima. São Paulo: Editora Revista dos Tribunais, 2011. v. 3.

VON ADAMEK, Marcelo Vieira (Coord). **Temas de direito societário e empresarial contemporâneos**. São Paulo: Malheiros Editora, 2011.

Análise do Caso Usiminas
A Vinculação ao Acordo de Acionistas e a Conduta do Presidente do Conselho de Administração

BRUNA LUIZA TARNOVSKI LOPES

1. Introdução

O presente artigo analisará a polêmica discussão societária travada dentro do bloco de controle da Usiminas, entre o Grupo Ternium e o Grupo Nippon, e abordará seus reflexos no direito societário, em relação à responsabilização dos administradores e sua vinculação ao acordo de acionistas.

No segundo capítulo serão descritos os desentendimentos ocorridos dentro do bloco de controle da Usiminas entre, de um lado, o Grupo Ternium e, de outro lado, o Grupo Nippon. As análises e as discussões realizadas neste trabalho restringem-se, apenas, aos atos e fatos discutidos na Ação Cautelar Inominada nº 0024.14.246.463.57, com pedido liminar, em trâmite perante a 1ª Vara Empresarial de Belo Horizonte/MG, proposta pelo Grupo Ternium contra o Grupo Nippon, bem como sobre o Agravo de Instrumento nº 1.0024.14.246746-3/001, proposto pelo Grupo Ternium contra a decisão de 1º grau que indeferiu a medida liminar da referida ação cautelar, em trâmite perante a 10ª Câmara Cível do Tribunal de Justiça do Estado de Minas Gerais.

Em seguida, no terceiro capítulo serão analisados os entendimentos doutrinários sobre os acordos de acionistas, as críticas aos §§8º e 9º do art. 118 da LSA e a ligação desses entendimentos com o ocorrido no Caso Usiminas – vinculação do administrador e descumprimento do acordo de acionistas. O capítulo quarto tratará das responsabilidades dos administradores e da aplicação dessa norma legal ao Caso Usiminas.

Em resumo, este estudo analisa o "dilema" dos conselheiros de administração de companhias de controle compartilhado e regidas por acordos de acionistas, para decidir no melhor interesse da companhia ou no interesse e de acordo com o acionista que o indicou para o conselho, nos termos do acordo de acionistas. Afinal, há limites à vinculação do administrador ao acordo de acionistas? Se não houver limites o administrador que descumprir o acordo de acionistas será responsabilizado por abuso de poder ou quebra de algum dever? Por fim, nossa conclusão sobre a análise dos capítulos acima elencados.

2. Descrição das Discussões do Caso Usiminas – Grupo Ternium x Grupo Nippon

Em 23/09/2014, o **"Grupo Ternium"**[1], ajuizou ação cautelar inominada contra o **"Grupo Nippon"**[2] e outros[3], pleiteando, em síntese, determinação judicial para impedir a RCA da Usiminas, convocada para o dia 25/09/2014, tendo como pauta a destituição de diretores da referida empresa, inclusive de seu diretor-presidente, com a alegação de violação ao acordo de acionistas e lesão ao interesse da Usiminas.

---

[1] Ternium Investments S.À R.L., Confab Industrial S/A, Prosid Investments S/A e Siderar S.A.I.C., em conjunto.
[2] Nippon Usiminas CO. LTD., Nippon Steel & Sumitomo Metal Corporation, Metal One Corporation, e Mitsubishi Corporation do Brasil S/A, em conjunto.
[3] Paulo Penido Pinto Marques, Fumihiko Wada, Eiji Hashimoto, Takaai Hirose, Hirohiko Maeke, Yoichi Furuta, e Usinas Siderúrgicas de Minas Gerais – Usiminas ("Usiminas").

ANÁLISE DO CASO USIMINAS

2.1. Principais argumentos do Grupo Ternium

De acordo com a petição inicial da ação cautelar inominada, o Grupo Ternium afirmou que o controle da Usiminas é exercido por um bloco de acionistas formado pelo Grupo Ternium (41,31% das ações vinculadas), Grupo Nippon (46,12% das ações vinculadas) e Caixa de Empregados da Usiminas – "CEU" (10,57% das ações vinculadas), conforme acordo de acionistas, celebrado em 16/01/2012.

Confirmou que o acordo de acionistas da Usiminas prevê que todas as matérias, inclusive a eleição e a destituição da diretoria, devem ser aprovadas por consenso do bloco de acionistas acima, por meio de reunião prévia dos acionistas do bloco de controle, e, a seguir, devem ser submetidas à apreciação da assembleia geral ou do conselho de administração. Não sendo aprovada a deliberação em reunião prévia, os acionistas e os conselheiros de administração por eles indicados deverão votar contra a aprovação da deliberação respectiva na assembleia geral ou no conselho de administração. Nenhuma decisão pode ser aprovada pela assembleia geral ou pelo conselho de administração[4] sem consenso. Esclareceu, ainda, que o acordo de acionistas da Usiminas não prevê mecanismo de solução de impasse.

Informou que a diretoria da Usiminas havia sido eleita em observância do acordo de acionistas, mas que seu mandato expirou em abril de 2014 e desde então não houve consenso sobre os nomes que deveriam compor a diretoria para um novo mandato. Argumentou que o prazo de gestão dos diretores se estendeu por força do disposto no art. 150, §4º da LSA e art. 9º, §4º do estatuto da social da Usiminas. Asseverou que o voto livre dos conselheiros indicados pelo Grupo Nippon implicaria violação do acordo de acionistas, ferindo o *"pacta sunt servanda"* e o *caput*

---

[4] Conforme cláusulas 4.1, 4.3, 4.8, 4.13 e 4.14 do acordo de acionistas da Usiminas.

do art. 118 da LSA, sendo dever do presidente do Conselho de Administração abster-se de computar os votos com infração ao acordo de acionistas (art. 118, §8º). O Grupo Ternium[5] pediu concessão de medida liminar[6].

2.2. Principais argumentos do Grupo Nippon

O Grupo Nippon, em sua contestação, afirmou que em 23/09/2015 a diretoria da Usiminas era composta por 7 membros que tiveram seu mandato expirado em 25/04/2014 e, que os diretores vinculados ao Grupo Ternium, teriam recebido pagamentos de benefícios não previstos nas políticas da companhia, os quais não tinham sido aprovados pelo conselho de administração da companhia, referentes aos anos de 2012 e 2013, gerando prejuízos à Usiminas, conforme apurados por auditores internos e externos. Além disso, informou que esses diretores, embora tenham reconhecido parcialmente a irregu-

[5] Conforme páginas 37 e 38 da petição inicial da Ação Cautelar Inominada nº 0024.14.246.463.57, em trâmite perante a 1ª Vara Empresarial de Belo Horizonte/MG.

[6] Para a) determinar ao Grupo Nippon que, não sendo aprovada a destituição dos diretores por meio de Resolução Ordinária na reunião prévia de 23/09/2014, oriente os conselheiros de administração da Usiminas por ele indicados a votar contra a referida destituição na reunião do Conselho de Administração de 25/09/2014; b) na mesma hipótese, determinar aos conselheiros de administração Paulo Penido, Eiji Hashimoto e Fumihiko Wada, eleitos pelo grupo de acionistas de controle, a votar contra a destituição dos atuais diretores da Usiminas na reunião do Conselho de Administração de 25/09/2014; c) na mesma hipótese, determinar ao presidente do Conselho de Administração na reunião do dia 25/09/2014, que não compute os votos proferidos por conselheiros de administração vinculados ao Acordo de Acionistas no sentido de aprovar a destituição de diretores da Usiminas; e d) caso, por qualquer razão, não sejam observadas as ordens judiciais descritas nas alíneas anteriores, aprovando-se a destituição de diretores da Usiminas na reunião do Conselho de Administração do dia 25/09/2014, suspender, de plano, a eficácia do afastamento dos diretores, determinando-se à Junta Comercial do Estado de Minas Gerais que se abstenha der arquivar e registrar a respectiva ata.

laridade, não ressarciram integralmente a companhia, violando, portanto, seus deveres fiduciários. Sustentou a necessidade de prevalência da lei sobre o acordo de acionistas, quando houver conflito entre ambos, pois as disposições do acordo de acionistas serão válidas apenas na medida em que estiverem de acordo com as normas de ordem pública, que lhes são aplicáveis.

Asseverou que o art. 118, §2º da LSA ao estabelecer a prevalência da lei sobre o acordo de acionistas, no que se refere ao exercício do direito de voto (art. 115 da LSA) e, às disposições concernentes ao exercício do poder de controle (arts. 116 e 117 da LSA), impõe ao acionista controlador a obrigação de exercer o voto com o fim de fazer a companhia realizar o seu objeto e cumprir sua função social, bem como têm deveres e responsabilidades para com os demais acionistas da empresa. Sustentou não haver os requisitos para a concessão da medida liminar.

2.3. Desdobramento da Ação Cautelar e decisões judiciais
Em 24/09/2014, o Juiz de Direito Ronaldo Claret de Moraes[7], da 1ª Vara Empresarial de Belo Horizonte/MG, examinou o pedido de liminar requerido pelo Grupo Ternium e o indeferiu[8]. Consequentemente, ocorrida a reunião extraordinária do conse-

---

[7] BRASIL. 1ª Vara Empresarial de Belo Horizonte/MG. Decisão na Ação Cautelar Inominada nº 0024.14.246.463.57, Juiz de Direito Ronaldo Claret de Moraes, Belo Horizonte/MG, julgado em 24 set. 2014. Disponível em: <http://www4.tjmg.jus.br/juridico/sf/proc_movimentacoes.jsp?comrCodigo=24&numero=1&listaProcessos=14246746>. Acesso em: 07 jun. 2015.

[8] [...] é desnecessário determinar aos conselheiros de administração da Usiminas que cumpram as normas do Acordo de Acionistas da referida empresa nas reuniões que farão para deliberar sobre a mudança do quadro de diretores, pois se não agirem conforme as regras por ele estabelecidas as decisões que tomarem poderão ser invalidadas. [...] Sendo assim, os pedidos de concessão de medida liminar contidos nas letras "a", "b" e "c", de fls. 37 e 38, não merecem acolhida. Quanto ao pedido contido na letra "d", de fl. 38 poderá ser examinado em face do que efetivamente ocorrer na reunião do Conselho de Administração que está prevista para ser realizada em 25/09/2014. Isto posto, indefiro o pedido

lho de administração da Usiminas em 25/09/2014, foi aprovada pelos conselheiros a destituição de três diretores, incluindo o diretor presidente[9], nomeando-se, em caráter temporário, novos diretores[10].

Após a RCA o Grupo Ternium reiterou ao juízo o pedido de concessão de liminar para suspender a eficácia do afastamento dos diretores, determinando-se à JUCEMG que se abstenha de arquivar e registrar a respectiva ata, alegando fato novo, consistente na "ilegal" destituição de diretores da Usiminas, na RCA realizada no dia 25/09/2014, materializando o descumprimento do Acordo de Acionistas da Usiminas. O Grupo Ternium sustentou que o presidente do conselho de administração da Usiminas acolheu a ilegal tese do voto livre e não apenas computou votos em violação ao acordo de acionistas, mas também exerceu o voto de minerva para destituir três diretores da Usiminas, sem que tenha havido consenso para a tomada de deliberação nas reuniões prévias realizadas pelos acionistas, nos dias 23/09/2014 e 24/09/2015, em violação ao disposto na cláusula 4.13[11] do Acordo de Acionistas.

de concessão de liminar, sem prejuízo de reexame do pedido referido na letra "d" de fl. 38 [...].

[9] Sr. Julián Alberto Eguren, presidente da companhia e os diretores Srs. Marcelo Rodolfo Chara e Paolo Felice Bassete.

[10] Sr. Rômel Erwin de Souza para o cargo de diretor presidente e diretor vice presidente industrial, e o Sr. Ronald Seckelmann como diretor vice presidente de subsidiária.

[11] Cláusula 4.13 do acordo de acionistas da Usiminas: *O Diretor-Presidente indicado nos termos da Cláusula 4.8 por um determinado mandato indicará os demais membros da Diretoria para o mesmo mandato (exceto pelos membros indicados por NSC e pela Ternium com base na Cláusula 4.12), sendo que tal indicação estará sujeita à aprovação por Resolução Ordinária adotada pelos Acionistas em Reunião Prévia. Os membros da Diretoria indicados pelo Diretor-Presidente serão profissionais de confiança do Diretor-Presidente, a seu critério. Os membros da Diretoria (exceto pelos membros indicados por NSC e pela Ternium com base na Cláusula 4.12) poderão ser destituídos e/ou substituídos por meio de Resolução Ordinária adotada em Reunião Prévia ou mediante solicitação do Diretor-Presidente, ressalvado,*

ANÁLISE DO CASO USIMINAS

Os autores disseram que na reunião prévia dos acionistas integrantes do bloco de controle da empresa, o Grupo Ternium e a CEU foram contra a destituição dos membros da diretoria e, por isso, não foi aprovada resolução ordinária sobre a matéria. Sendo assim, nos termos do item 4.14[12] do acordo de Acionistas todos os conselheiros indicados pelo grupo de controle deveriam votar contra a destituição na reunião do conselho de administração realizada em 25/09/2014. Entretanto, os conselheiros do Grupo Nippon, inclusive Paulo Penido, votaram pela destituição. Em seguida, o presidente do conselho de administração, Paulo Penido, computou os votos proferidos pelos conselheiros indicados pelo Grupo Nippon, inclusive o dele, como válidos, decidindo pela destituição do diretor presidente e outros dois diretores da Usiminas, não hesitando em computar o voto de minerva do presidente do conselho de administração.

no entanto, que qualquer referida destituição e/ou substituição solicitada pelo Diretor-Presidente requererá de Resolução Ordinária aprovada pelos Acionistas em Reunião Prévia; e ressalvado, ainda, que o Diretor-Presidente indicará o membro substituto para o cargo do membro assim destituído ou substituído. Cada um dos Acionistas fará com que o(s) membro(s) do Conselho de Administração (ou respectivo(s) suplente(s)) indicado(s) por tal Acionista vote(m) na reunião do Conselho de Administração a favor (a) da eleição dos indivíduos indicados como membros da Diretoria nos termos da Cláusula 4.12 e desta Cláusula 4.13 e (b) da destituição ou substituição de qualquer de tais membros em conformidade com a Cláusula 4.12 e com esta Cláusula 4.13, conforme aplicável.

[12] *Cláusula 4.14 do acordo de acionistas da Usiminas: Os Acionistas concordam que a aprovação de resolução em Reunião Prévia envolvendo qualquer matéria a ser submetida à, ou a ser resolvida em, Assembleia Geral ou reunião do Conselho de Administração, exceto pelas matérias que requeiram aprovação por Resolução Especial nos termos da Cláusula 4.3, requererá de aprovação por Resolução Ordinária. Caso qualquer resolução atinente a matéria que requeira aprovação por Resolução Ordinária, e que não tenha sido assim aprovada, seja proposta por qualquer Pessoa e/ou submetida à votação em Assembleia Geral ou em reunião do Conselho de Administração, cada Acionista deverá votar contra tal proposta de resolução na referida Assembleia Geral ou deverá fazer com que o(s) membro(s) do Conselho de Administração (ou respectivo(s) suplente(s)) indicado(s) por tal Acionista vote(m) contra tal proposta de resolução na referida reunião do Conselho de Administração (conforme o caso) [...].*

O Grupo Nippon defendeu a regularidade da decisão tomada pelo conselho de administração da Usiminas, a respeito da destituição dos administradores e da nomeação de novos ocupantes de seus cargos e requereu a rejeição do pedido liminar e a manutenção do indeferimento da liminar.

Em 29/09/2014, o mesmo Juiz de Direito Ronaldo Claret de Moraes[13], da 1ª Vara Empresarial da Comarca de Belo Horizonte/MG, examinou o pedido liminar contido na letra "d" da petição inicial do Grupo Ternium e o indeferiu[14].

[13] BRASIL. 1ª Vara Empresarial de Belo Horizonte/MG. Decisão na Ação Cautelar Inominada nº 0024.14.246.463.57, Juiz de Direito Ronaldo Claret de Moraes, Belo Horizonte/MG, julgado em 29 set. 2014. Disponível em: <http://www4.tjmg.jus.br/juridico/sf/proc_movimentacoes.jsp?comrCodigo=24&numero=1&listaProcessos=14246746>. Acesso em: 07 jun. 2015.

[14] [...] A reunião do Conselho de Administração de 25/9/2014 foi precedida de reunião prévia dos acionistas controladores, grupos T/T e NSSMC, ocorrida no dia 24/09/2014, conforme previsto na Cláusula 4.1 do Acordo de Acionistas da Usiminas, não tendo havido o consenso das duas partes sobre a questão da destituição dos três diretores. [...] A decisão do Conselho de Administração sobre essa questão, destituição e eleição de diretores, foi tomada da seguinte forma: votaram contra a matéria 3 conselheiros indicados pelo grupo "T/T" e 2 conselheiros indicados pelo "CEU"; votaram a favor da matéria 3 conselheiros indicados pelo grupo NSSMC e 2 conselheiros indicados pelos acionistas minoritários; houve desempate a favor da matéria proferido pelo voto de minerva do presidente do Conselho de Administração, Sr. Paulo Penido Pinto Marques, que também havia votado favorável à matéria, quando agiu em nome do grupo NSSMC. A partir do momento em que não houve acordo dos acionistas controladores, haverá de prevalecer a norma subsidiária contida nos próprios estatutos da companhia, qual seja, a prevista no art. 11 desse documento (fl. 400):"Art. 11. Os órgãos da companhia funcionarão com a presença de ao menos 2/3 (dois terços) de seus integrantes eleitos, em primeira convocação, e com maioria simples na segunda convocação. Aquele que estiver na Presidência dos trabalhos terá, além do voto pessoal, o de desempate." Não se nega que o §8º do art. 118, da Lei 6.404/1976 (Lei das Sociedades Anônimas) dispõe: "O presidente da assembleia ou do órgão colegiado de deliberação da companhia não computará o voto proferido com infração de acordo de acionistas devidamente arquivado". Entretanto, considerando que o Acordo de Acionistas da Usiminas

ANÁLISE DO CASO USIMINAS

Contra a decisão acima mencionada os autores interpuseram agravo de instrumento nº 1.0024.14.246746-3/001, em trâmite perante a 10ª Câmara Cível do TJMG. Em acórdão proferido pelo Des. Rel. Vicente de Oliveira Silva[15] em 06/10/2014, indeferiu-se[16] o pedido de antecipação de tutela recursal, mantendo os diretores destituídos. Em consulta ao andamento do agravo de instrumento nº 1.0024.14.246746-3/001, perante o TJMG, verificou-se que em 05/05/2015 foi julgado o agravo de instrumento, tendo sido negado o provimento ao recurso[17], ven-

---

não prevê solução no caso de falta de consenso dos grupos controladores da empresa, haverá de ser buscada solução dentro das próprias normas fixadas pela companhia, daí porque a prevalência do art. 11 do Estatuto Social da Usiminas, conforme referido nos dois parágrafos anteriores. [...] Ademais, cabe ressaltar que a questão relacionada com remuneração irregular dos diretores destituídos é secundária, pois os acionistas controladores da empresa podem fazer destituição de diretores dela independente de existir ou não violação ao critério de remuneração dos diretores. A questão da fidúcia, ao contrário, é relevante para a decisão de manutenção ou não dos diretores. Se o diretor perde a confiança do controlador, este tem o direito de votar na assembleia convocada para o destituir. [...] Isto posto, indefiro os pedidos de concessão de liminar.

[15] BRASIL. 10ª Câmara Cível do TJMG. Agravo de Instrumento nº 1.0024.14.246746-3/001, Des. Rel. Vicente de Oliveira Silva, Belo Horizonte/MG, julgado em 06 out. 2014. Disponível em: <http://www4.tjmg.jus.br/juridico/sf/proc_movimentacoes2.jsp?listaProcessos=10024142467463001>. Acesso em: 07 jun. 2015.

[16] [...] Por fim, e de se considerar que a reintegração dos diretores destituídos aos seus antigos cargos, retornando-se ao *status quo* ante, neste momento processual, poderá gerar instabilidade mercadológica à companhia, colocando em risco sua confiabilidade e solidez, se, ao final, for negado provimento ao presente recurso, em razão da alternância em sua diretoria em prazo tão exíguos. Em face do exposto indefiro o pedido de antecipação de tutela recursal.

[17] Ementa: *"AGRAVO DE INSTRUMENTO. AÇÃO CAUTELAR INOMINADA. CONSELHO DE ADMINISTRAÇÃO. ACORDO DE ACIONISTAS. DESTITUIÇÃO DE DIRETORES. SUSPENSÃO. LIMINAR. REQUISITOS LEGAIS NÃO DEMONSTRADOS. I. O acordo de acionistas de sociedade anônima não pode ser invocado para impedir o exercício de voto ou poder de controle dos membros do Conselho de Administração relativos à eleição, fiscalização e destituição dos gestores.*

cido o desembargador relator[18], que votou pela concessão da liminar, por entender que os acordos de acionistas devem ser

A observância do acordo não deve ser manipulada para atender apenas aos interesses de determinado grupo de acionistas controladores. II. A quitação dada às contas submetidas à apreciação de Assembleia Geral não impede a revisão decorrente de pagamentos indevidos descobertos e apurados posteriormente. III. Se as deliberações tomadas pelo Conselho de Administração são compatíveis com o interesse social e não denotam, em princípio, prejuízos aos direitos dos Diretores destituídos, impõe-se a manutenção da decisão que indeferiu o pedido de suspensão liminar de tal afastamento pela falta de demonstração, no caso concreto, de periculum in mora e fumus boni iuris." BRASIL. 10ª Câmara Cível do TJMG. Agravo de Instrumento nº 1.0024.14.246746-3/001. Des. Rel. Vicente de Oliveira Silva, Belo Horizonte/MG, julgado em 05/05/2015. Disponível em: <http://www4.tjmg.jus.br/juridico/sf/proc_complemento2.jsp?listaProce ssos=10024142467463001>. Acesso em: 07 jun. 2015.

[18] Ementa do Voto Vencido: *"AGRAVO DE INSTRUMENTO. SOCIEDADE ANÔNIMA DE CAPITAL ABERTO. ÓRGÃO COMPETENTE PARA ELEGER E DESTITUIR DIRETORES. CONSELHO DE ADMINISTRAÇÃO. ACORDO DE ACIONISTAS. INFRINGÊNCIA. INOBSERVÂNCIA PELA COMPANHIA. EFEITOS. ASSEMBLEIA GERAL. CONTAS DE DIRETORES APROVADAS SEM RESSALVAS. FUMAÇA DO BOM DIREITO E PERIGO DA DEMORA DEMONSTRADOS. LIMINAR CONCEDIDA. RECURSO PROVIDO. I. Tratando-se de companhia aberta, em que a constituição do Conselho de Administração é obrigatória (art. 138, § 2º, da Lei nº 6.404/76), este é o órgão competente para eleger e destituir os diretores da companhia, conforme se extrai da leitura conjunta dos art. 138, § 2º, art. 139, art. 122, II, e art. 142, II, todos da Lei nº 6.404/76. II. A validade do acordo de acionistas em relação ao exercício do direito de voto ou do poder de controle, como também a obrigatoriedade de sua observância pela companhia, encontra amparo legal no caput e § 8º do art. 118 da Lei nº 6.404/76. III. "A aprovação das contas pela assembleia geral implica quitação, sem cuja anulação os administradores não podem ser chamados à responsabilidade". Precedentes do STJ. IV. Considerando que há divergências no Grupo de Controle quanto à lisura das verbas recebidas pelos diretores; considerando que a companhia infringiu a norma contida no § 8º do art. 118 da Lei nº 6.404/76; considerando, por fim, que as contas relativas aos exercícios sociais em que foram recebidas as verbas foram devidamente aprovadas sem ressalvas, tem-se por devidamente demonstrada a fumaça do bom direito. V. O perigo da demora é incontestes, pois há fundado receio de dano irreparável, ou de difícil reparação, em caso de manutenção de administrador provisório em uma companhia de expressão mundial, o qual foi nomeado em virtude de inobservância de critérios legais para a destituição dos diretores anteriores."* Ibidem.

observados pelos administradores quando arquivados na sede da companhia.

O desembargador relator foi voto vencido, pois entendeu que houve divergência no grupo de controle quanto à destituição dos diretores e que a companhia ao acatar os votos dos conselheiros do Grupo Nippon infringiu a norma contida no §8º, do art. 118 da LSA. Em contrapartida, o primeiro e o segundo vogal, entenderam contrariamente ao desembargador relator e as razões por terem negado provimento ao recurso do Grupo Ternium, em sucinto resumo, são: (a) a interpretação integrativa da norma legal – arts. 115, 116 e 118, §2º da LSA e art. 5º, II da constituição federal; (b) que o acordo de acionistas não está acima da lei na hipótese de haver incompatibilidade entre o que está convencionado, as deliberações que precisam ser votadas e o dever de consciência do acionista; (c) que prevalece a alegação de que o afastamento pela quebra do dever de lealdade foi decidido no melhor interesse da Companhia; (d) que os riscos advindos da recondução dos três diretores a seus cargos denotam gravidade maior para a companhia que o suposto dano que a parte agravante objetiva prevenir por meio desta liminar; (e) que o disposto no art. 118, §8º não pode impedir que os diretores votem de acordo com suas convicções pessoais, principalmente quando se tratar de matérias relativas à fiscalização dos negócios da companhia e em matérias relativas ao afastamento preventivo de diretoria, comprovadamente envolvida em recebimento de valores supostamente indevidos, pois há uma evidente quebra de confiança; e, por fim, (f) que muito embora o administrador esteja vinculado ao disposto na convenção celebrada pelos acionistas que o elegeram, aquele pode resistir a dar cumprimento, nas hipóteses em que tal acordo contraria os interesses da empresa.

Cabe lembrar que o caso em comento trata apenas de decisão do pedido liminar da ação cautelar inominada, que ainda não teve o julgamento do seu mérito pelo juízo de 1º grau, até a data de corte definida para análise deste caso neste estudo. Além disso, ainda cabe recurso da decisão proferida pelo TJMG.

Assim, finalizado o sucinto relato do ocorrido na ação cautelar proposta pelo Grupo Ternium contra o Grupo Nippon, passa-se a analisar as disposições legais e doutrinárias sobre os acordos de acionistas, a responsabilidade dos administradores vinculados por estes acordos, bem como nossos entendimentos sobre os atos e as decisões ocorridos no caso.

3. Acordos de Acionistas

Os acordos de acionistas geralmente são firmados por "grupos" de acionistas que assumem direitos e obrigações, pactuados entre as partes livremente, bem como seu conteúdo, desde que seu objeto seja lícito e esteja em conformidade com o interesse social, devendo ser arquivado na sede da companhia, para que seja observado por esta e para que vincule a administração.

Para Paulo Fernando Campos Salles de Toledo "O acordo de acionistas é, sim, mecanismo de composição de interesses distintos. Mas estes não podem sobrepor-se a interesses mais altos, como o da própria companhia, (= interesse comum dos acionistas)."[19]

Eizirik leciona que na interpretação dos acordos de acionistas dois princípios fundamentais do direito obrigacional devem ser priorizados: (i) autonomia da vontade; e (ii) a obrigatoriedade da convenção. Por esta razão, na interpretação enfatiza-se o cumprimento das obrigações pactuadas, já que o foram livremente e a aplicação dos seus termos apenas às partes con-

---

[19] TOLEDO, Paulo Fernando Campos Salles de. Modificações introduzidas na lei das sociedades por ações, quanto à disciplina da administração das companhias. In: LOBO, Jorge (Coord.). **Reforma da lei das sociedades anônimas: inovações e questões controvertidas da Lei nº 10.303, de 31.10.2001.** Rio de Janeiro: Forense, 2002. p. 428.

tratantes, exceto no caso de acordo de controle, os quais podem gerar efeito para outras companhias em cascata.[20]

No caso da Usiminas, o Grupo Ternium e o Grupo Nippon firmaram um acordo de acionistas para o exercício compartilhado do poder de controle, obrigando-se a votar sempre de determinada forma, sendo obrigatória a concordância de ambos os grupos para aprovação ou não de determinada deliberação.

Nesse caso específico o poder de controle é exercido por meio de um bloco de controle compartilhado, vinculado pelo acordo de acionistas, que detém participação acionária que lhe assegura o poder de eleger a maioria dos administradores e a preponderância nas deliberações sociais, dirigindo e orientando o funcionamento dos órgãos da companhia, sempre em conjunto e nunca isoladamente.

Sobre o controle compartilhado Carvalhosa[21] comenta sobre o princípio da unicidade a ser observado:

> Atende, assim, a comunhão o princípio da unicidade do poder--dever de controle, não podendo prevalecer o interesse ou a vontade individual de qualquer signatário. O exercício do controle não cabe, isoladamente, a qualquer integrante do pacto, por maior número de ações que tenha ele trazido à comunhão. O poder de controle é, necessariamente, exercido pelo conjunto dos seus subscritores.

Nas reuniões prévias do grupo controlador quando se deliberará sobre determinada matéria, é necessário que seja determinado e assegurado aos administradores que votem nesse mesmo sentido, bem como a estipulação de soluções para situações de

---

[20] Conforme EIZIRIK, Nelson. **A Lei das S/A Comentada.** Volume II. São Paulo: Quartier Latin, 2011. p. 702 e 703.
[21] CARVALHOSA, Modesto. **Acordo de Acionistas: homenagem a Celso Barbi Filho.** São Paulo: Saraiva, 2011. p. 225.

impasse, sob pena de perda do poder de controle para os acionistas minoritários, como ensina Lobo[22], ao afirmar que se os membros do grupo descumprirem a obrigação de votar de modo uniforme deixa de existir o poder de controle. E, nesse cenário, o inadimplemento das obrigações de voto é muito grave, pois destrói o poder de controle cujo exercício é o objeto do contrato.

No caso Usiminas isso não ocorreu, pois o acordo de acionistas não previa cláusula de solução de impasse, o que culminou na discussão da deliberação tomada em desacordo com o previsto no acordo de acionistas, objeto da ação cautelar.

Portanto, verifica-se que a estipulação de soluções para situações de impasse, bem como a correta disciplina das reuniões prévias nos acordos de controle compartilhado é muito importante para a organização das decisões do grupo controlador e, consequentemente, para os negócios sociais, que poderão ser diretamente afetados no caso de ocorrência de qualquer impasse dentro do bloco de controle compartilhado, como a perda do poder de controle.

3.1. As regras dos §§8º e 9º do art. 118 da LSA

O §8º reconheceu expressamente a obrigação do presidente da assembleia geral de não computar o voto proferido em desconformidade com o convencionado no acordo de acionistas. O presidente da assembleia não pode suprir a vontade do acionista que manifesta seu voto em sentido contrário à decisão da reunião prévia, cumprindo-lhe apenas não computá-lo.[23]

---

[22] Conforme LOBO, Carlos Augusto da Silveira. Acordos de Acionistas. In: LAMY FILHO, Alfredo; PEDREIRA, José Luiz Bulhões (Coord.). **Direito das Companhias**. v. I. Rio de Janeiro: Forense, 2009. p. 462.

[23] Conforme EIZIRIK, Nelson. **A Lei das S/A Comentada**. Volume II. São Paulo: Quartier Latin, 2011. p.725.

Com relação ao voto não computado, nos termos do §8º do art. 118, Eizirik[24] ainda vai além quando afirma que:

> O voto não computado deve, então, ser tido como não proferido, tal como se o acionista tivesse se abstido de votar. [...] o voto contrário não computado equipara-se à abstenção de voto, permitindo-se que o acionista prejudicado possa conferir eficácia ao acordo de voto em bloco, determinando o sentido do voto proferido pelas ações pertencentes ao acionista inadimplente. [...] por força deste mandato recíproco irrevogável, quem tem legitimidade para votar com as ações vinculadas ao acordo de voto em bloco não é necessariamente o titular de tais ações, mas a parte que pretenda dar cumprimento ao acordo, votando no sentido determinado em reunião prévia.

Já o §9º dispõe que se a parte do acordo ou o membro da administração eleito, nos termos do acordo de acionistas, não comparece à assembleia geral ou nela se abstém de votar é assegurado à parte prejudicada a legitimidade para votar com as ações do acionista inadimplente, ausente ou omisso.

Consoante Lobo "Tais disposições introduzidas pela Lei nº 10.303/2001 vieram estancar controvérsias sobre a vinculação dos administradores eleitos nos termos de acordo de acionistas às suas cláusulas e condições."[25]

Não apenas Lobo, mas a maior parte da doutrina brasileira concorda que o adventos dos §§8º e 9º do art. 118 da LSA reconheceu a vinculação dos administradores aos acordos de acionistas.

Carvalhosa defende que o administrador que agir em descumprimento à diretriz dada majoritariamente pelo bloco de

---

[24] EIZIRIK, Nelson. Interpretação dos §§ 8º e 9º do art. 118 da Lei das S/A. **Revista de Direito Mercantil, Industrial, Econômico e Financeiro**, São Paulo, n. 139, jul./set. 2005. p. 162 e 163.
[25] LOBO, op. cit., p. 484.

controle pratica abuso de poder, sendo que os §§8º e 9º do art. 118 da LSA determinam o dever de suspensão da eficácia desse mesmo voto abusivo ou a execução mediante a autotutela por parte dos outros administradores representantes da comunhão no conselho de administração e na diretoria.[26]

Eizirik[27] e Carvalhosa defendem que nosso direito societário introduziu uma hipótese excepcional de autotutela:

> O §9º, assim, admitiu que existe um mandato inerente ao acordo do voto em bloco, que outorga ao acionista poderes para que, na hipótese de ausência ou abstenção de voto por um dos signatários do acordo, vote pelo ausente ou abstinente, em conformidade com a direção do voto previamente pactuada.

Em resumo, Carvalhosa e Eizirik defendem que o acionista prejudicado pode exercer o mandato a ele conferido pelo §9º do art. 118, para dar efeito à deliberação, pelo inadimplemento da obrigação de votar em conjunto do signatário dissidente, mesmo que este esteja presente na assembleia geral e pretenda votar contra o determinado em reunião prévia.[28]

Assim a aplicação do §9º do art. 118 da LSA não ocorreria apenas no caso de não comparecimento ou abstenção de voto, mas também no caso em que o acionista descumprir o acordo de

---

[26] Conforme CARVALHOSA, Modesto. A vinculação dos Administradores ao Acordo de Controle (§§8º e 9º do Art. 118 da LSA). In: WALD, Arnoldo; GOLÇALVES, Fernando; SOARES DE CASTRO, Moema Augusta (Coord.). **Sociedades Anônimas e Mercado de Capitais – Homenagem ao Prof. Osmar Brina Corrêa-Lima.** São Paulo: Quartier Latin. 2011, p. 44

[27] EIZIRIK, Nelson. **A Lei das S/A Comentada.** Volume II. São Paulo: Quartier Latin, 2011. p. 725.

[28] Conforme CARVALHOSA. Acordo de Acionistas regulando o exercício do poder de controle. Interpretação dos §§8º e 9º do art. 118 da lei das S.A. In: CARVALHOSA, Modesto; EIZIRIK, Nelson. **Estudos de Direito Empresarial.** São Paulo: Saraiva, 2010. p. 46.

acionistas e votar contrariamente ao lá previsto. Nesse mesmo sentido, Tornovsky[29] defende que:

> [...] no caso em que o voto proferido contra o acordo acionistas seja necessário para aprovação da matéria objeto de deliberação, o acionista prejudicado, ou seu representante no conselho de administração, poderia, após a desconsideração do voto pelo presidente da assembleia ou do conselho, exercer mandato legal outorgado pelo §9º.

Corroborando esse mesmo entendimento, Saddi[30] afirma que:

> As alterações estipuladas pelo novo regime de execução *interna corporis* do acordo de acionistas oferece uma dupla mudança: por um lado o mandato não sujeito a prazo de um ano e, por outro, a faculdade de, pela autoridade do presidente da assembleia, a parte prejudicada poder votar, dando cumprimento ao acordo.

Além do entendimento da tese de autotutela acima exposta, vários são os entendimentos doutrinários com relação à redação dos §§8º e 9º do art. 118, seja porque discordam das referidas disposições legais, seja porque defendem que referidos parágrafos não estão em harmonia com os demais dispositivos da LSA, conforme se verificará abaixo.

---

[29] TORNOVSKY, Miguel. Acordos de Acionistas sobre Exercício do Poder de Controle. Análise das Principais Alterações Introduzidas ao art. 118 da Lei das S.A. pela Lei 10.303/2001. **Revista de Direito Mercantil, Industrial, Econômico e Financeiro**, São Paulo, n. 127, jul./set. 2002. p. 100.
[30] SADDI, Jairo. Vinculação do voto dos administradores indicados pelo acordo de voto. In: KUYVEN, Luiz Fernando Martins (Coord.). **Temas Essenciais de Direito Empresarial: Estudos em homenagem a Modesto Carvalhosa.** São Paulo: Saraiva, 2012. p. 666.

Em contrapartida a tese de autotutela, Paulo Cezar Aragão[31] defende a tese de mandato legal, no qual a Lei nº 10.303/2001, ao alterar o disposto no art. 118, acrescentando-lhe os §§8º e 9º reconheceu a existência de um mandato legal "do direito de voto próprio às ações de acionista ausente ou omisso para proferir voto contra ou a favor de deliberações determinadas, hipótese em que a abstenção não resultará em perda da efetividade do acordo."

Já Marcelo M. Bertoldi não concorda com a tese de autotutela, nem de mandato. Ele defende que o §9º do art. 118 da LSA é inconstitucional, pois fere o princípio da indelegabilidade das atribuições do Poder Judiciário.[32]

Marcel Gomes Bragança Retto[33] ao criticar a tese de mandato legal afirma que:

> [...] admitir-se a natureza jurídica do direito conferido ao §9º do art. 118 como a de um mandato legal implica responsabilizar aquele que não quis votar, mas também nada pôde fazer para impedir o dano, já que o §9º confere poder ao acionista prejudicado para exercer o voto no lugar do acionista ausente ou omisso. Criar-se-ia uma sistemática demais perversa, pois o fato de o acionista ter concordado com as votações em bloco ao aderir ao acordo de acionistas não pode ser considerada uma carta em branco para que a maioria, em reunião prévia, use de tal fato para impor verdadeira tirania a todos e a qualquer momento. Ademais, o que

---

[31] ARAGÃO, Paulo Cezar. A Disciplina do Acordo de Acionistas na Reforma da Lei das Sociedades por Ações (Lei nº 10.303, de 2001). In: LOBO, Jorge. (Coord.). **A Reforma da Lei das Sociedades Anônimas – Inovações e Questões Controvertidas da Lei 10.303 de 31.10.2001.** Rio de Janeiro: Forense, 2002. p. 374.
[32] Conforme BERTOLDI, Marcelo M. **Acordo de Acionistas**. São Paulo: Revista dos Tribunais, 2006. p. 124.
[33] RETTO, Marcel Gomes Bragança. Aspectos controvertidos dos acordos de acionistas – Uma abordagem prática. **Revista de Direito Bancário e do Mercado de Capitais**, São Paulo, n. 48, abr./jun. 2010. p. 140.

ANÁLISE DO CASO USIMINAS

pode corresponder ao interesse social em determinado momento, pode não corresponder em outro e o acionista quando vota deve sempre visar ao interesse social.

Ainda sobre o §9º do art. 118 da LSA, Toledo[34] o critica e afirma que:

> No §9º a situação é estranha, uma vez que possibilita que alguém, estranho ao conselho de administração, participe das reuniões com o poder de censurar os atos dos conselheiros, chegando ao extremo de afastá-lo temporariamente de suas funções, exercendo-as no lugar dele. A regra é autoritária e pressupõe um conselheiro submisso às determinações de quem o elegeu. Se esse conselheiro ousar insurgir-se, estará sujeito à pena de censura, aplicada em público e sem o direito de defesa.

No entendimento de Ramos[35], o §9º do art. 118 da LSA estabelece um mecanismo de auto execução específica do acordo de acionistas. Ele afirma que embora a solução adotada pelo §9º se assemelhe a autodefesa, não se pode classificá-la dessa forma, pois a autodefesa é exercida em nome próprio e não em nome de terceiro.

Em resumo, a crítica de Toledo[36] aos §§8º e 9º do art. 118 da LSA:

> O dispositivo contraria as modernas conquistas da governança corporativa, e confere ao chairman – normalmente eleito pelo

---

[34] TOLEDO, op. cit., p. 427.
[35] Conforme RAMOS, Felipe de Freitas. Responsabilidade dos signatários de acordo de voto no regime da Lei 10.303/2001. **Revista de Direito Bancário, do Mercado de Capitais e da Arbitragem,** São Paulo, n. 17, p. 90-108, jul./set. 2002. p. 92 3 93.
[36] TOLEDO, op. cit., loc. cit.

controlador, quando não se tratar do próprio – o poder de controlar o órgão, na medida em que impõe aos conselheiros o dever de votar num determinado sentido, sob pena de não ser computado o voto. Com isso, o conselheiro tem prejudicada uma de suas características fundamentais: a autonomia.

Contrariamente à Toledo, Cantidiano[37] afirma:

Tampouco o novo dispositivo impede o administrador de manifestar sua vontade, contrária ao que tiver sido deliberado na reunião prévia dos signatários do acordo, se ele (administrador) entender que a orientação de voto que lhe foi transmitida é ilegal sob qualquer aspecto, até mesmo porque contraria os interesses da companhia. [...] o referido parágrafo se limita a impor, às pessoas encarregadas de presidir a reunião em que se processa uma votação, o dever de respeitar as disposições constantes em acordos de acionistas, não reconhecendo o voto proferido em desacordo com o que tiver sido pactuado pelos signatários do contrato.

Assim, verifica-se na doutrina diversos entendimentos relacionados às possíveis interpretações desses parágrafos, sendo classificados como autotutela, mandato legal, auto execução, e, inconstitucionais. Desta forma, não há um posicionamento único, mas algumas correntes de entendimentos. No entanto, todos os referidos autores reconhecem a vinculação dos administradores aos termos dos acordos de acionistas.

---

[37] CANTIDIANO, Luiz Leonardo. **Reforma da Lei das S.A. comentada.** Rio de Janeiro: Renovar. 2002. p. 136 e 137.

3.2. As críticas à redação do art. 118 da LSA pelo IBGC e a análise de Gorga e Gelman

O IBGC emitiu em 2008 a Carta Diretriz n º 1[38], a qual abordou sobre os §§8º e 9º que permitem a vinculação direta dos membros da administração à orientação de voto disposto no acordo de acionistas.[39]

O IBGC considera não adequada a redação atual do art. 118, por ameaçar a integridade do sistema de governança corporativa das empresas brasileiras e propõe que seja feita a harmonização dos §§8º e 9º do art. 118 da LSA com os princípios fundamentais dessa mesma lei e com as melhores práticas de governança corporativa.[40]

Paulo Fernando Campos Salles de Toledo[41], ao comentar o presente assunto defende que:

> Parcela importante do sucesso da governança corporativa deve-se ao novo papel atribuído ao conselheiro de administração. Para que este efetivamente supervisione a gestão da companhia e contribua para a definição da política empresarial a ser seguida é preciso que seja independente. Caso contrário, sua atuação será meramente burocrática, inócua e ineficaz limitando-se a repetir, nas reuniões do conselho de administração, as instruções que lhe tiverem sido passadas pelo acionista que o tiver elegido.

---

[38] intitulada "Independência dos conselheiros de administração – melhores práticas e o art. 118 da lei das S.A"
[39] IBGC – INSTITUTO BRASILEIRO DE GOVERNANÇA CORPORATIVA. Disponível em: <http://www.ibgc.org.br/inter.php?id=18582 >. Acesso em: 05 maio 2015.
[40] Ibidem.
[41] TOLEDO, op. cit., p. 426 e 427.

Corroborando os ensinamentos de Toledo, o item 2.15 do Código Brasileiro das Melhores Práticas de Governança Corporativa[42] recomenda que:

> O conselheiro deve buscar a máxima independência possível em relação ao sócio, ao grupo acionário ou à parte interessada que o tenha indicado ou eleito para o cargo e estar consciente de que, uma vez eleito, sua responsabilidade se refere à organização.

Em complemento às criticas do IBGC, muito interessante e no mínimo curioso o trabalho realizado por Gorga e Gelman, que analisaram empiricamente a evolução dos acordos de acionistas nas companhias listadas nos segmentos especiais da BM&FBOVESPA, que tratam da vinculação do voto dos conselheiros de administração à prévia decisão dos acionistas que os elegeram. Concluíram que os acordos de acionistas estão esvaziando o poder decisório dos conselheiros, revelando práticas que enfraquecem a atuação efetiva da governança corporativa, pois a vinculação de votos ao teor de acordo de acionistas diminui significativamente a independência dos conselheiros na prática, já que os votos destes estarão sujeitos à aprovação dos acionistas que os elegeram nas chamadas "reuniões prévias"[43]

Referidas autoras concluíram em seu estudo empírico que a combinação dos §§8º e 9º do art. 118 "tem como efeito a prevalência do acordo de acionistas sobre a liberdade de voto dos membros eleitos pelas partes signatárias do acordo."[44]

---

[42] Instituto Brasileiro de Governança Corporativa. **Código das melhores práticas de governança corporativa**. 4. ed. São Paulo: IBGC. 2009. p. 36.
[43] Conforme GORGA, Érica; GELMAN, Marina. **O esvaziamento crescente do conselho de administração como efeito da vinculação de seu voto a acordos de acionistas no Brasil**. Prêmio IBGC Itaú Academia de Imprensa, 2012. p. 2 e 3.
[44] Conforme ibidem, p. 7.

3.3. Análise dos entendimentos doutrinários sobre à vinculação dos administradores aos acordos de acionistas e da incompatibilidade de dispositivos legais

Como já explanado acima, os §§8º e 9º do art. 118 da LSA vinculam os administradores aos termos dos acordos de acionistas quando arquivados na sede social da companhia. Assim, questiona-se – há incompatibilidade entre a vinculação dos administradores e seus deveres previstos em lei?

Carvalhosa defende que os administradores estão vinculados ao voto majoritário da comunhão de controladores apenas nas matérias relevantes e de administração extraordinária da companhia, expressamente previstas no acordo, razão pela qual entende que não há incompatibilidade entre o dever de acatamento das decisões majoritárias tomadas pela comunhão de controladores e o dever de independência dos administradores, previsto no art. 154, §1º da LSA. Conclui que para a preservação do interesse social os administradores eleitos devem estar vinculados às decisões tomadas pela comunhão de controladores em matérias relevantes, viabilizando a execução e implementação do poder-dever de controle.[45]

Corroborando o entendo de Carvalhosa, Eizirik[46] afirma que:

> Não existe incompatibilidade entre o dever de independência do administrador, previsto no §1º do art. 154, e o acatamento das decisões adotadas em reunião prévia, uma vez que os acordos

---

[45] Conforme CARVALHOSA, Modesto. A vinculação dos Administradores ao Acordo de Controle (§§8º e 9º do Art. 118 da LSA). In: WALD, Arnoldo; GOLÇALVES, Fernando; SOARES DE CASTRO, Moema Augusta (Coord.). **Sociedades Anônimas e Mercado de Capitais – Homenagem ao Prof. Osmar Brina Corrêa-Lima.** São Paulo: Quartier Latin. 2011. p. 43.
[46] EIZIRIK, Nelson. **A Lei das S/A Comentada.** Volume II. São Paulo: Quartier Latin, 2011.p. 728 e 729.

de voto em bloco devem visar à consecução do interesse social; ademais, é do interesse da companhia que o poder de controle seja exercido de forma coerente e harmônica. Assim, não pode o administrador eleito pelo bloco de controle obstruir o exercício do poder de controle estabelecido no acordo.

No entendimento de Aragão[47] também não há incompatibilidade entre os dispositivos legais:

> Dir-se-ia talvez que essa nova disposição representa contradição insanável com o já referido §1º do art. 154 da lei, quanto ao fato de que o conselheiro sempre deve votar no interesse da companhia, mas a objeção não tem procedência, já que permanece em vigor a regra o §2º do art. 118, quanto ao fato de que o acordo de acionistas não exime o acionista da responsabilidade no exercício do direito de voto ou pelo poder de controle. [...] Não existe, assim, a suposta possibilidade de o conselheiro descumprir o acordo com base na sua "liberdade de consciência". Se o fizer, deverá necessariamente basear-se naquelas hipóteses estabelecidas *numerus clausus* no referido §2º do art. 118.

Conforme afirmado por Gorga e Gelman[48] "Na visão deste grupo de doutrinadores, interesse social é interesse da maioria e, por ser o grupo de controle representativo da maioria dos acionistas, seu interesse se confunde com o interesse social."

Portanto, conforme acima exposto, verifica-se que Carvalhosa, Eizirik e Aragão entendem que o dever de independência se compatibiliza com a vinculação de voto dos administradores. Para esta corrente doutrinária as disposições legais (art. 118, §§8º e 9º e art. 154, caput e §1º da LSA) são compatíveis porque o acordo de acionistas representa o interesse social.

---

[47] ARAGÃO, op. cit., p. 377 e 378.
[48] GORGA, op. cit., p. 8.

ANÁLISE DO CASO USIMINAS

Outro grupo de estudiosos – Arnoldo Wald, Calixto Salomão Filho e Marcelo Vieira Von Adamek – que também argumentam pela compatibilidade dos dois dispositivos (art. 118 e art. 154 §1º da LSA), entendem que os administradores que tem seu voto vinculado ao acordo de acionistas, devem manter sua independência para contrariar tal obrigação contratual sempre que entenderem que seu cumprimento não está de acordo com o interesse social. Em sentido oposto, os doutrinadores Paulo Fernando Campos Salles de Toledo, Maria Izabel Bocater, João Laudo de Camargo e Gustavo Franco defendem que a alteração promovida pela Lei nº 10.303/2001 foi um desserviço que o Poder Legislativo prestou ao mercado de capitais, pois acreditam que a vinculação dos membros da administração aos acordos de acionistas contraria o dever de independência e restringe a liberdade preconizada na LSA.[49]

João Laudo Camargo e Maria Isabel do Prado Bocater[50] comentam o que constitui a regra básica sobre as boas práticas de governança corporativa:

> Quer estejamos diante de uma situação do controle concentrado, quer diante de uma situação de controle compartilhado, em se tratando de companhias abertas, nas quais existe a possibilidade de se prejudicarem os interesses dos investidores, que compram, de boa-fé, ações no mercado, dever-se-ia sempre almejar a preservação de uma esfera de poder de administração independente, pois assim se permite que o interesse da companhia, e consequentemente de todos os acionistas, seja sempre colocado em primeiro plano.

---

[49] Conforme GORGA, op. cit., p. 8.
[50] CAMARGO, João Laudo de; BOCATER, Maria Isabel do Prado. Conselho de administração: seu funcionamento e participação de membros indicados por acionistas minoritários e preferencialistas. In: LOBO, Jorge (Coord.). **Reforma da lei das sociedades anônimas: inovações e questões controvertidas da Lei nº 10.303, de 31.10.2001**. Rio de Janeiro: Forense, 2002. p. 395.

Conclui-se no mesmo sentido da análise empírica elaborada por Gorga e Gelman, que a realidade dos acordos de acionistas chama a atenção do ponto de vista de "quebra" da governança corporativa, pois a vinculação do voto dos administradores eleitos de fato representa delegação de competência do administrador nos casos de cláusulas guarda-chuva, bem como afasta o dever de independência previsto no art. 154, §1º da LSA.

3.4. Análise e comentários do descumprimento do acordo de acionistas no Caso Usiminas

De acordo com as provas produzidas na ação cautelar, os diretores destituídos receberam pagamentos irregulares e não os restituíram integralmente à Usiminas, conforme apurado nos relatórios de auditorias interna e externas que analisaram o caso.

De acordo com a LSA, o presidente do conselho de administração poderia aplicar os §§8º e 9º do art. 118, mas não o fez e, em desacordo ao disposto no acordo de acionistas decidiu afastar do cargo diretores infratores, no melhor interesse da Usiminas. O presidente do conselho de administração da Usiminas, Paulo Penido, aceitou os votos em "desacordo" ao estipulado no acordo de acionistas, o que resultou num empate na deliberação da matéria. Como não havia cláusula de resolução de impasse estabelecida no acordo de acionistas da Usiminas ele optou por seguir o art. 11[51] do estatuto social da Usiminas e adotou o voto de minerva para desempate da matéria sobre a destituição dos diretores infratores e aprovar essa deliberação.

No nosso entendimento essa foi a melhor decisão a ser tomada naquele momento, considerando o interesse social da

---

[51] Art. 11 – Os órgãos da companhia funcionarão com a presença de ao menos 2/3 (dois terços) de seus integrantes eleitos, em primeira convocação, e com maioria simples na segunda convocação. Aquele que estiver na Presidência dos trabalhos terá, além do voto pessoal, o de desempate.

ANÁLISE DO CASO USIMINAS

Usiminas, pois não é tolerável nem boa prática de governança manter na administração de companhia aberta administradores investigados que desrespeitaram seus deveres fiduciários.

Entendemos que os conselheiros que "descumpriram" o acordo de acionistas e votaram pela destituição dos administradores infratores atuaram em conformidade com o dever de diligência, lealdade e no melhor interesse social. No mesmo sentido das diretrizes do IBGC, concordamos que os administradores devem sempre buscar agir com liberdade e transparência, de acordo com o interesse social e com as boas práticas de governança corporativa.

As decisões de 1º e 2º grau no caso Usiminas confirmaram o entendimento jurisprudencial acerca dessa matéria, de que a vinculação do administrador ao acordo de acionistas é limitada e isso é muito importante para o direito societário atual, pois esse limite é necessário para adequação da orientação da gestão de negócios, bem como para o interesse social.

Em posição contrária ao acima exposto, o Poder Judiciário ainda poderá discordar das decisões de 1ª e 2ª instância e decidir sobre a impossibilidade de descumprimento do acordo de acionistas, ou seja, decidir pela vinculação total do administrador aos termos do acordo de acionistas, sem qualquer limite, bem como classificar a conduta do presidente do conselho de administração como sendo abuso de poder, argumentando que há previsão legal de suspensão do voto abusivo, nos termos do §8º do art. 118 da LSA e de execução da autotutela por parte dos administradores representantes da parte prejudicada.

Esse entendimento estaria de acordo com a doutrina de Carvalhosa e Eizirik, que defendem que o acordo de acionistas é sempre firmado no melhor interesse da sociedade e que não é possível descumprir o acordo, pois isso é atuar com abuso de poder e impedimento do exercício do poder-dever de controle.

Considerando esse possível posicionamento contrário do Poder Judiciário e a doutrina de Carvalhosa e Eizirik, em algumas ocasiões, como no caso da Usiminas, ficaria evidente como a vinculação total (sem limites) dos administradores aos termos do acordo de acionistas pode ser considerada maléfica à gestão dos negócios e ao valor das ações negociadas em bolsa de valores.

Esse entendimento sobre a vinculação absoluta dos administradores não pode prevalecer, pois como se viu há limites à vinculação do administrador e essa análise deve ser feita caso a caso.

4. Os Deveres e as Responsabilidades dos Administradores de Acordo com a LSA

O presente capítulo limita-se a analisar sinteticamente os parâmetros dos deveres e responsabilidades legais dos administradores, conforme relacionados ao caso Usiminas. A lei societária prevê os deveres e as responsabilidades impostos aos administradores nos artigos 153 a 157 da LSA.

Sobre os deveres gerais dos administradores Adamek[52] nos ensina que:

> Os deveres gerais descritos na Lei das S/A são, todos eles, desdobramentos dos deveres-padrão de diligência (*duty of care*) e de lealdade (*duty of loyalty*), os quais, como visto, foram destacados e, em boa hora, evidenciados no texto da lei para dar-lhes maior concreção e efetividade, mas sem esgotar todos os seus possíveis desdobramentos

Nos artigos 158 e 159 da LSA há previsão legal da responsabilização dos administradores, que responderão civilmente pelos prejuízos que causarem quando agirem com culpa ou dolo e com violação à lei ou estatuto social.

---

[52] ADAMEK, Marcelo Vieira Von. **Responsabilidade Civil dos Administradores de S/A e as Ações Correlatas.** São Paulo: Saraiva, 2009. p. 183.

A ação de responsabilização do administrador competirá à companhia, mediante prévia deliberação da assembleia geral, nos termos do art. 159 da LSA. Assim, na responsabilização do administrador, o prejuízo à companhia causado pela sua conduta é o pressuposto de sua responsabilidade.

4.1. O Dever de Diligência – art. 153 da LSA

O art. 153 da LSA estabelece que "o administrador da companhia deve empregar, no exercício de suas funções, o cuidado e diligência que todo homem ativo e probo costuma empregar na administração dos seus próprios negócios." Assim, a lei normatizou o padrão de conduta na atuação do administrador.

Flávia Parente[53] em sua obra específica sobre o dever de diligência do administrador, aprofundando-se sobre o tema, resume que:

> O dever de diligência pode ser decomposto em cinco deveres relativamente distintos [...]: a) O dever de se qualificar para o exercício do cargo, que evidencia a necessidade de o administrador possuir ou de adquirir os conhecimentos mínimos acerca das atividades que serão desenvolvidas pela sociedade; b) o dever de bem administrar, que consiste na atuação do administrador visando à consecução do interesse social, dentro dos limites do objeto social; c) o dever de se informar, o qual impõe aos administradores a obrigação de obter todas as informações necessárias ao desenvolvimento adequado do negócio social; d) o dever de investigar, segundo o qual os administradores devem não apenas analisar criticamente as informações que lhes foram fornecidas para verificar se são suficientes ou se devem ser complementadas, como também, de posse destas informações, considerar os fatos que podem eventualmente vir a causar danos à sociedade, tomando

---

[53] PARENTE, Flávia. **O dever de diligência dos administradores de sociedades anônimas.** Rio de Janeiro: Renovar, 2005. p. 101 e 102.

as providências cabíveis para evitar que tal ocorra; e e) o dever de vigiar, que consiste na obrigação permanente de os administradores monitorarem o desenvolvimento das atividades sociais.

No caso Usiminas, o dever de diligência foi questionado na conduta dos administradores, principalmente com relação à conduta do presidente do conselho de administração que votou contra o determinado no acordo de acionistas. Conforme a doutrina, o dever de diligência do administrador significa que o este deve atuar com discernimento, baseando sua decisão em documentos e relatórios bem informados, buscando a análise crítica dessas informações e até investigando outras, caso necessário, para basear sua decisão em favor do interesse da companhia, como observamos na conduta do presidente do conselho de administração Usiminas

4.2. A Finalidade das Atribuições e o Desvio de Poder – art. 154 da LSA

O art. 154 da LSA dispõe que o administrador deve exercer suas atribuições conferidas pela lei e pelo estatuto social para alcançar os fins e no interesse da companhia, satisfeitas as exigências do bem público e da função social da empresa, além de elencar as vedações aos administradores. Referido artigo também prevê que não é permitida a prevalência de interesses de grupos de acionistas no comportamento dos administradores, mesmo que ele tenha sido eleito por um grupo de acionistas. O administrador não pode deixar os interesses desse grupo de acionistas que o elegeu sobrepor-se ao interesse da sociedade, que deve ser o norte no seu agir e sentir.

Conclui-se que o administrador deve sempre buscar agir de acordo com o interesse social, exercendo as atribuições previstas em lei e no estatuto social, sem privilegiar nenhum acionista ou grupo de acionistas.

No caso Usiminas podemos analisar a conduta dos membros do conselho de administração e indagar se eles (i) respeitaram esse dever e deixaram de privilegiar o interesse de apenas um dos acionistas controladores, quando decidiram sobre a destituição dos diretores faltosos, e (ii) atuaram de forma independente, de acordo com seu livre convencimento, nas matérias de sua competência privativa, como a eleição e destituição de diretor.

4.3. O Dever de Lealdade – art. 155 da LSA

O art. 155 da LSA descreve no *caput* o dever de lealdade do administrador de forma ampla e seus incisos definem os padrões de comportamento que se espera dos administradores, de forma exemplificativa. Com base no direito societário norte americano a lei trouxe ao nosso sistema jurídico o *standart of loyalty*, que se baseia no dever fiduciário, próprio da atividade dos administradores, que não poderão buscar em primeiro lugar os seus interesses pessoais.[54] No caso Usiminas podemos novamente analisar a conduta dos membros do conselho de administração e indagar se eles agiram com lealdade enquanto gestores de negócio, com capital de terceiro.

4.4. Demais deveres dos administradores

O art. 156 da LSA prevê o dever do administrador de evitar as situações de conflito de interesse e descreve duas situações distintas: (i) a proibição de intervir em qualquer operação social em que tiver interesse conflitante com o da companhia; e (ii) a proibição de votar, se for o caso, nas deliberações que a respeito tomarem os demais administradores, cumprindo-lhe cientificá--los do seu impedimento e fazer consignar em ata de reunião

---

[54] Conforme CARVALHOSA, Modesto. **Comentários à lei de sociedades anônimas, volume 3**. 6 ed. rev. e atual. São Paulo: Saraiva. 2014. p. 412.

do conselho de administração ou da diretoria a natureza e a extensão do seu interesse.[55]

O dever de informar está previsto no art. 157 da LSA e é um dos pilares dos administradores de companhias abertas, sendo seu dever fundamental, mas também o é para as companhias fechadas. A lei regula as declarações e informações que devem ser prestadas pelos administradores de companhias abertas, as quais em conjunto com o dever de diligência e de lealdade devem ser observados e cumpridos por todos os administradores e controladores.

Verificamos que o dever de informar foi observado no caso Usiminas por seus administradores, pois o mercado foi devidamente informado sobre os andamentos da discussão do presente caso estudado e desdobramentos.

4.5. Análise da conduta do Presidente do Conselho de Administração no Caso Usiminas, com relação aos deveres fiduciários

No caso da Usiminas o presidente do conselho de administração, Paulo Penido, destituiu três diretores em RCA, computando o voto de parte do bloco de controle que entendeu que referidos diretores deveriam ser destituídos (Grupo Nippon), sendo que a outra parte do bloco de controle votou contra referida destituição de diretores (Grupo Ternium). Essa decisão foi tomada em desacordo com o disposto no acordo de acionistas da Usiminas, que prevê que todas as deliberações devem ser tomadas por unanimidade pelo bloco de controle, inclusive sobre a eleição e a destituição da diretoria.

Entendemos que o presidente do conselho de administração, atendeu os seus deveres fiduciários, pois agiu com diligência e no melhor interesse da companhia, ao analisar que o conselho

---

[55] Conforme ibidem, p. 415.

de administração constatou que três diretores haviam recebido benefícios indevidos e não aprovados nos exercícios de 2012 e 2013, mesmo que o acordo de acionistas e os §§8º e 9º do art. 118 da LSA determinassem procedimento diverso.

Ao bem administrar uma companhia o administrador deve (a) buscar atender ao interesse social e não se omitir no exercício de proteção dos direitos da companhia, mesmo que em detrimento do interesse pessoal de parte do bloco de controle, ou dos acionistas que o elegeram, em consonância com o art. 154, bem como (b) atuar de forma independente, de acordo com seu livre convencimento, nas matérias de sua competência privativa, como as elencadas no art. 142 da LSA, nesse caso específico, eleição e destituição de diretor, nos termos das boas práticas de governança corporativa.

Quando optou por desconsiderar os votos do Grupo Ternium e computar os votos do Grupo Nippon, culminando na destituição dos três diretores que causaram prejuízos à Usiminas, o presidente do conselho também agiu de acordo com o dever de lealdade, pois protegeu os interesses da companhia e não apenas dos acionistas controladores, mesmo que referido ato tenha ocorrido em desacordo com o previsto no acordo de acionistas da companhia.

Esse fato, corroborado pelo Poder Judiciário – TJMG, no precedente do caso Usiminas, demonstra que há um limite à vinculação dos administradores aos acordos de acionistas (em determinadas matérias), o que representa um avanço nos estudos sobre o tema do presente trabalho.

Apesar dos nossos comentários, a conduta do presidente do conselho de administração da Usiminas está sob análise da CVM[56] e até a data de corte para análise desse caso, sem decisão final do órgão regulador, que poderá concordar ou não com

---

[56] Processo CVM RJ 2014-9543.

o entendimento do Poder Judiciário. Caso a CVM entenda que o administrador deveria ter cumprido o disposto no acordo de acionistas da Usiminas ele poderá responder por abuso de poder e descumprimento de deveres.

5. Conclusão

Da presente análise compreendeu-se que há limites à vinculação dos administradores aos acordos de acionistas para agir de acordo com o interesse social, em determinadas situações. Isso foi corroborado pelas decisões judiciais de 1º e 2º grau do TJMG, no caso Usiminas, um marco para o direito societário brasileiro.

Tendo em vista o caso Usiminas e suas repercussões negativas à companhia, quando há acordos de acionistas que regulam o poder de controle, os administradores devem ter cautela e buscar seu livre convencimento sobre a decisão a ser tomada nas deliberações da companhia, no que se refere à vinculação deles às ordens dos controladores em reuniões prévias, que por vezes pode ser contra o interesse social, mas em prol de um interesse individual.

Como a satisfação do interesse pessoal do acionista pode ocorrer contrariamente ao interesse social, entendemos que o acionista e o administrador, ao votar, devem sempre buscar o interesse social e agir neste sentido e não em defesa de um determinado acionista ou bloco de acionistas. O dever de independência do administrador não deve ser anulado por certas cláusulas previstas em acordos de acionistas que regulam o poder de controle compartilhado, pois estas comprometem o exercício pleno da função do administrador, no mesmo sentido do entendimento de Gorga e Gelman.

O princípio do dever de diligência, bem como todos os demais deveres dos administradores, os quais daquele derivam, devem sempre ser observados quando da tomada de decisões, bem como o livre convencimento do administrador após análise crítica e detalhada das informações a que tem acesso. O administrador deve se posicionar criticamente, de acordo com o melhor interesse da companhia, e, desta forma, estabelecer um limite à vinculação do administrador aos termos dos acordos de acionistas, conforme com as melhores práticas de governança corporativa.

No caso Usiminas, a desavença entre os acionistas integrantes do bloco de controle prejudicou a companhia, que arca com altos prejuízos enquanto a questão não é resolvida. Por isso, reforçamos e defendemos que a governança corporativa propõe a liberdade do administrador em seu livre convencimento na tomada de decisões, de forma transparente, sem seguir simplesmente o que foi deliberado pelo bloco de controle em reunião prévia, sem qualquer visão crítica das consequências que daí podem desencadear.

Referências

ADAMEK, Marcelo Vieira Von. **Responsabilidade Civil dos Administradores de S/A e as Ações Correlatas.** São Paulo: Saraiva, 2009.

ARAGÃO, Paulo Cezar. A Disciplina do Acordo de Acionistas na Reforma da Lei das Sociedades por Ações (Lei nº 10.303, de 2001). In: LOBO, Jorge. (Coord.). **A Reforma da Lei das Sociedades Anônimas – Inovações e Questões Controvertidas da Lei 10.303 de 31.10.2001.** Rio de Janeiro: Forense, 2002. p. 367-384.

BERTOLDI, Marcelo M. **Acordo de Acionistas.** São Paulo: Revista dos Tribunais, 2006.

CAMARGO, João Laudo de; BOCATER, Maria Isabel do Prado. Conselho de administração: seu funcionamento e participação de membros indicados por acionistas minoritários e preferencialistas. In: LOBO, Jorge (Coord.). **Reforma da lei das sociedades anônimas: inovações e questões controvertidas da Lei nº 10.303, de 31.10.2001.** Rio de Janeiro: Forense, 2002. p. 385-422.

CANTIDIANO, Luiz Leonardo. **Reforma da Lei das S.A. comentada.** Rio de Janeiro: Renovar. 2002.

CARVALHOSA, Modesto. **Acordo de Acionistas: homenagem a Celso Barbi Filho.** São Paulo: Saraiva, 2011.

_____; Acordo de Acionistas regulando o exercício do poder de controle. Interpretação dos §§8º e 9º do art. 118 da lei das S.A. In: CARVALHOSA, Modesto; EIZIRIK, Nelson. **Estudos de Direito Empresarial.** São Paulo: Saraiva, 2010. p. 29-57.

_____. A vinculação dos Administradores ao Acordo de Controle (§§8º e 9º do Art. 118 da LSA). In: WALD, Arnoldo; GOLÇALVES, Fernando; SOARES DE CASTRO, Moema Augusta (Coord.). **Sociedades Anônimas e Mercado de Capitais – Homenagem ao Prof. Osmar Brina Corrêa-Lima.** São Paulo: Quartier Latin. 2011. p. 41-46.

_____. **Comentários à lei de sociedades anônimas, volume 3.** 6 ed. rev. e atual. São Paulo: Saraiva. 2014.

EIZIRIK, Nelson. **A Lei das S/A Comentada.** Volume II. São Paulo: Quartier Latin, 2011.

_____. Interpretação dos §§ 8º e 9º do art. 118 da Lei das S/A. **Revista de Direito Mercantil, Industrial, Econômico e Financeiro,** São Paulo, n. 139, p. 155-163, jul./set. 2005.

GORGA, Érica; GELMAN, Marina. **O esvaziamento crescente do conselho de administração como efeito da vinculação de seu voto a acordos de acionistas no Brasil.** Prêmio IBGC Itaú Academia de Imprensa, 2012.

IBGC – INSTITUTO BRASILEIRO DE GOVERNANÇA CORPORATIVA. Disponível em: <http://www.ibgc.org.br/inter.php?id=18582 >. Acesso em: 05 maio 2015.

Instituto Brasileiro de Governança Corporativa. **Código das melhores práticas de governança corporativa.** 4. ed. São Paulo: IBGC, 2009.

LOBO, Carlos Augusto da Silveira. Acordos de Acionistas. In: LAMY FILHO, Alfredo; PEDREIRA, José Luiz Bulhões (Coord.). **Direito das Companhias.** v. I. Rio de Janeiro: Forense, 2009. p. 441-499.

PARENTE, Flávia. **O dever de diligência dos administradores de sociedades anônimas.** Rio de Janeiro: Renovar, 2005.

RAMOS, Felipe de Freitas. Responsabilidade dos signatários de acordo de voto no regime da Lei 10.303/2001. **Revista de Direito Bancário, do Mercado de Capitais e da Arbitragem,** São Paulo, n. 17, p. 90-108, jul./set. 2002.

RETTO, Marcel Gomes Bragança. Aspectos controvertidos dos acordos de acionistas – Uma abordagem prática. **Revista de Direito Bancário e do Mercado de Capitais,** São Paulo, n. 48, p. 112- 153, abr./jun. 2010.

SADDI, Jairo. Vinculação do voto dos administradores indicados pelo acordo de voto. In: KUYVEN, Luiz Fernando Martins (Coord.). **Temas Essenciais de Direito Empresarial: Estudos em homenagem a Modesto Carvalhosa.** São Paulo: Saraiva, 2012. p. 656-667.

TOLEDO, Paulo Fernando Campos Salles de. Modificações introduzidas na lei das sociedades por ações, quanto à disciplina da administração das companhias. In: LOBO, Jorge (Coord.) **Reforma da lei das sociedades anônimas: inovações e questões controvertidas da Lei nº 10.303, de 31.10.2001.** Rio de Janeiro: Forense, 2002. p. 423-452.

TORNOVSKY, Miguel. Acordos de Acionistas sobre Exercício do Poder de Controle. Análise das Principais Alterações Introduzidas ao art. 118 da Lei das S.A. pela Lei 10.303/2001. **Revista de Direito Mercantil, Industrial, Econômico e Financeiro,** São Paulo, n. 127, p. 93-106, jul./set. 2002.

Jurisprudência

BRASIL. 1ª Vara Empresarial de Belo Horizonte/MG. Decisão na Ação Cautelar Inominada nº 0024.14.246.463.57, Juiz de Direito Ronaldo Claret de Moraes, Belo Horizonte/MG, julgado em 24 set. 2014. Disponível em: <http://www4.tjmg.jus.br/juridico/sf/proc_movimentacoes.jsp?co mrCodigo=24&numero=1&listaProcessos=14246746>. Acesso em: 07 jun. 2015.

_____. 1ª Vara Empresarial de Belo Horizonte/MG. Decisão na Ação Cautelar Inominada nº 0024.14.246.463.57, Juiz de Direito Ronaldo Claret de Moraes, Belo Horizonte/MG, julgado em 29 set. 2014. Disponível em: <http://www4.tjmg.jus.br/juridico/sf/proc_movimentacoes.jsp?co mrCodigo=24&numero=1&listaProcessos=14246746>. Acesso em: 07 jun. 2015.

_____. 10ª Câmara Cível do TJMG. Agravo de Instrumento nº 1.0024. 14.246746-3/001, Des. Rel. Vicente de Oliveira Silva, Belo Horizonte/MG, julgado em 06 out. 2014. Disponível em: <http://www4. tjmg.jus.br/juridico/sf/proc_movimentacoes2.jsp?listaProces sos=10024142467463001>. Acesso em: 07 jun. 2015.

_____. 10ª Câmara Cível do TJMG. Agravo de Instrumento nº 1.0024. 14.246746-3/001, Des. Rel. Vicente de Oliveira Silva, Belo Horizonte/MG, julgado em 05 maio. 2015. Disponível em: <http://www4.tjmg.jus.br/juridico/sf/proc_complemento2.jsp?listaProcessos=10024142467463001>. Acesso em: 07 jun. 2015.

A Justa Causa para Exclusão de Sócio nas Sociedades Limitadas

Lúcia Bellomaria de Castro Azevedo Pinto

1. Introdução

Como em todas as demais espécies de relações humanas, aquelas entre os membros de uma sociedade mercantil são, certamente, complexas e as divergências, senão frequentes, são bastante prováveis. Enquanto um sócio deseja reduzir seus funcionários, a fim de conter custos, pode o outro almejar uma expansão das atividades, com consequente contratação de novos empregados. O mais ousado planeja diversificar os produtos oferecidos aos seus clientes e o outro, em contrapartida, pode ter por escopo a concentração das atividades da empresa. Estes são alguns dos diversos exemplos de possíveis conflitos.[1]

A figura da exclusão de sócio tem sofrido uma longa evolução em nosso direito, refletindo as dúvidas por que tem passado o conceito do contrato de sociedade, cuja originalidade,

---

[1] Guimarães, Leonardo. Exclusão de sócio em sociedade limitada no novo Código Civil. In: Rodrigues, Frederico Viana. **Direito de Empresa no Novo Código Civil**. Rio de Janeiro: Forense, 2004. p. 291.

em relação aos demais contratos, se bem que intuída desde os mais remotos tempos, só muito recentemente mereceu uma explicação satisfatória. Com a percepção de que o contrato de sociedade apresenta natureza peculiar, que o diferencia dos demais contratos, comandando, por isso, soluções que lhe são privativas, a retirada, voluntária ou compulsória, do sócio da sociedade foi, paulatinamente, adquirindo um novo perfil dogmático, sendo objeto de sucessivas leituras por parte da doutrina e da jurisprudência.[2]

Cumpre-nos, neste trabalho, analisar o tema em questão com profundidade e detalhes, buscando esclarecer ao leitor estudioso do assunto seus aspectos mais importantes e relevantes.

O ponto central está na expressão "justa causa", pois nos interessa estudar tal expressão no campo do direito empresarial, do direito societário.

Em síntese, serão todas aquelas que ponham em perigo a consecução do objeto social e acarretem o inadimplemento do dever de colaboração, cuja observação cabe a todos os sócios.' Se referia às causas justificadas, ou justa causas, Luiz Gastão Paes de Barros Leães.[3]

Muito corriqueira e conhecida pela coletividade no Brasil a expressão "justa causa" no direito do trabalho; no entanto, no campo do direito societário o tema ainda é bastante desconhecido, até mesmo pelas pessoas que se associam numa sociedade limitada, por exemplo, ignorando a problemática enquanto perdura a paz nas relações sociais em que inserem. O termo justa causa é mais utilizado no direito comparado.

---

[2] LEÃES, Luiz Gastão Paes de Barros. Exclusão extrajudicial de sócio em sociedade por quotas. In: WALD, Arnoldo. (Org.). **Direito empresarial**: direito societário, v.2. São Paulo: Revista do Tribunais, 2011. Passim.
[3] LEÃES, Luiz Gastão Paes de Barros. Exclusão extrajudicial de sócio em sociedade por quotas. In: WALD, Arnoldo. (Org.). **Direito empresarial**: direito societário, v.2. São Paulo: Revista do Tribunais, 2011. Passim.

Contudo, é de suma importância que o assunto seja conhecido, até pra que os sócios conheçam seus deveres e obrigações, e não apenas seus direitos.

Os importantes artigos estudados, e específicos ao tema, são os 1030 e 1085, ambos do Código Civil de 2002, que nada mais trazem que as hipóteses de exclusão judicial e extrajudicial de sócios nas sociedades limitadas, e suas nuances. Aqui está, finalmente, o ponto central do nosso estudo.

Vejamos.

Como leciona a Prof. Dra. Andréia Cristina Bezerra Casquet,

> A exclusão dos sócios por falta grave é prevista apenas no Código Civil. O art. 1.030 encontra-se localizado no capítulo reservado às sociedades simples e prevê a exclusão judicial, ao passo que o art. 1.085 está inserido no contexto das sociedades limitadas e regula a exclusão extrajudicial. Em ambas as modalidades, contudo, deve estar presente o elemento que legitima a expulsão – falta grave no cumprimento dos deveres sociais. Nesses termos,
>
> [...] não é toda e qualquer falta que pode legitimar a exclusão de sócio, mas somente aquela falta qualificada como "grave" – ato de inegável gravidade que, tendo pertinência com a posição jurídica de sócio, inviabilize ou coloque em risco a própria continuidade da atividade social.
>
> Assim é que a expulsão do sócio constitui medida de tal severidade que apenas a prática de falta grave, nos termos exarados pela letra da lei, constitui fator que enseja e legitima a expulsão, tendo como resultado o afastamento daquele que, mediante o descumprimento dos deveres essenciais de sócio, cause ou possa causar prejuízos à sociedade e aos que nela estão inseridos.[4]

---

[4] CASQUET, Andréia Cristina Bezerra. **Alienação de Controle de Companhias Fechadas**. São Paulo: Quartier Latin, 2015. p.243.

O artigo 1030 do Código Civil dispõe que: "Ressalvado o disposto no art. 1.004 e seu parágrafo único, pode o sócio ser excluído judicialmente, mediante iniciativa da maioria dos demais sócios, por falta grave no cumprimento de suas obrigações, ou, ainda, por incapacidade superveniente."

Já o artigo 1085, também do Código Civil, versa que:

"Ressalvado o disposto no art. 1.030, quando a maioria dos sócios, representativa de mais da metade do capital social, entender que um ou mais sócios estão pondo em risco a continuidade da empresa, em virtude de atos de inegável gravidade, poderá excluí-los da sociedade, mediante alteração do contrato social, desde que prevista neste a exclusão por justa causa"[5]

É facultativa a exclusão pelo cometimento de falta grave ou prática de atos de inegável gravidade, cabendo aos sócios realizar o juízo de conveniência e oportunidade (em relação à sociedade, e não analisando o que é bom para cada sócio individualmente considerado). É lícita, portanto, desde que não abusiva, a deliberação de não exclusão de sócio mesmo diante de falta grave, uma vez que se pode pensar que a exclusão do faltoso pode trazer mais danos do que a convivência com ele.[6]

"Dessarte, é o direito de exclusão de sócio um direito potestativo extintivo, do qual é titular a sociedade, cujo exercício pressupõe um ato de livre vontade (vontade formada por meio de deliberação social), sendo que a deliberação dos sócios, por si

---

[5] BRASIL. Lei nº 10.406, de 10 de janeiro de 2002. Código Civil. **In: Vade Mecum Saraiva**. Obra coletiva de autoria da Editora Saraiva com colaboração de Luiz Roberto Curia, Livia Céspedes e Juliana Nicoletti. 18 ed. São Paulo: Saraiva, 2014. p. 218.

[6] Conforme: SPINELLI, Luis Felipe. **A exclusão de sócio por falta grave na sociedade limitada**. São Paulo: Quartier Latin, 2015. p. 65-66.

só ou complementada por uma decisão judicial, produz o efeito jurídico que se impõe ao sujeito passivo, *i.e*, ao sócio faltoso, o qual perde a sua qualidade de sócio (extinção da relação jurídica que ligava o membro ao ente coletivo). Justamente por todos os argumentos expostos é que entendemos que a exclusão de sócio por falta grave ou atos de inegável gravidade é, em si, o instituto da resolução contratual por inadimplemento adaptado aos contratos plurilaterais."[7]

O artigo 1029 do Código Civil trata do pedido de retirada formulado por sócio, tal qual:

"Além dos casos previstos na lei ou no contrato, qualquer sócio pode retirar-se da sociedade; se de prazo indeterminado, mediante notificação aos demais sócios, com antecedência mínima de sessenta dias; se de prazo determinado, provando judicialmente justa causa".

O referido artigo 1030 dispõe sobre a hipótese inversa, ou seja, sua exclusão. Anteriormente, já se tratou da exclusão do sócio que não cumpriu uma de suas obrigações para com a sociedade, quando deixou de contribuir para a formação da base material necessária ao desenvolvimento das atividades sociais. A ideia é de que, faltando integralizar a contribuição para o capital social, o sócio pode ser excluído da sociedade, bem assim ter de suportar perdas por sua ação a ela acarretadas.[8]

Além dessa situação, vem a causa que nos interessa, nesta análise, para a exclusão do sócio: cometimento de falta grave no

---

[7] SPINELLI, Luis Felipe. **A exclusão de sócio por falta grave na sociedade limitada**. São Paulo: Quartier Latin, 2015. p. 72-73.
[8] FONSECA, Priscila M.P. Corrêa; SZTAJN, Rachel. **Código civil comentado**: Direito de empresa, artigos 887-926 e 966-1195. Colaboração de Eliseu Martins. Coordenador Álvaro Villaça Azevedo. São Paulo: Atlas, 2008. p. 352.

cumprimento das obrigações para com a sociedade limitada e demais sócios. Esta depende, para sua efetivação, de processo judicial em que se demonstrará a incapacidade que venha a acometer o sócio e que pode impedi-lo de exercer função administrativa, e também a incapacidade que torne sua participação na sociedade inviável.

Por conta de desvio no cumprimento de obrigações, desvio de caráter de gravidade tal que possa comprometer os negócios sociais, impor encargos ou ônus a outro(s) sócio(s), a apuração de justa causa se assemelha à de falta grave em outros contratos. A respeito da exclusão de sócios, A.J. Avelãs Nunes explica que ela se prende ao direito de afastar pessoas indesejáveis do convívio social, sendo inerente a todas as formas de sociedades. Tal direito, conforme pode ser considerado como aplicação do princípio geral de resolução dos contratos sinalagmáticos ainda que nas sociedades o sinalagma tenha especial configuração.

A exclusão de sócio deve estar sempre calcada em uma justa causa prevista em lei ou no contrato (desde que compatível com o ordenamento jurídico).

[...] no caso de exclusão facultativa por descumprimento de deveres por parte do sócio, existe a necessidade do consentimento de falta grave ou da prática de atos de inegável gravidade.[9]

Na mesma toada, é nula a cláusula a cláusula contratual que objetive viabilizar, mesmo que indiretamente, a exclusão imotivada ou sem justa causa (ou seja, por mera deliberação majoritária) – apesar de existir quem entenda em sentido contrário.[10]

[...] Se se permitisse a exclusão sem qualquer motivação, aberto estaria o caminho para o abuso do poder de controle, o que é

---

[9] SPINELLI, Luis Felipe. **A exclusão de sócio por falta grave na sociedade limitada.** São Paulo: Quartier Latin, 2015. p. 74.

[10] SPINELLI, Luis Felipe. **A exclusão de sócio por falta grave na sociedade limitada.** São Paulo: Quartier Latin, 2015. p. 80.

vedado pelo ordenamento jurídico pátrio (Código Civil, art. 187; Lei das S.A., arts. 115 a 117); ademais, se fosse permitida exclusão imotivada, os sócios (especialmente minoritários) não estariam devidamente protegidos, o que ocasionaria insegurança e desincentivaria a utilização das sociedades limitadas.[11]

Da mesma forma que a resolução do contrato por inadimplemento (nos termos do art. 475 do Código Civil), o Direito brasileiro não admite a exclusão de sócio baseada na simples vontade da maioria, ou (o que dá no mesmo) a exclusão imotivada, vazia, *ad nutum,* sem justa causa ou por motivos fúteis, o que representaria a possibilidade de exclusão arbitrária e constituiria verdadeira prerrogativa potestativa (em afronta direta ao art. 122 do Código Civil).[12]

Mesmo que o Código Civil não exigisse, expressamente, a existência de falta grave ou atos de inegável gravidade para a exclusão de sócio, entendemos que assim deveria ser interpretado.

Como exemplos, trazemos o artigo 57 do Código Civil para exclusão de membros das associações e o art. 33 da Lei de Cooperativas (Lei 5764/1971).[13]

2. Aspectos Históricos

Vamos a seguir discorrer sobre os aspectos históricos da exclusão de sócios.

No Direito Romano, segundo ARTURO DALMARTELLO[14], não se falava em exclusão de sócio, pois a societas não admitia a

---

[11] SPINELLI, Luis Felipe. **A exclusão de sócio por falta grave na sociedade limitada.** São Paulo: Quartier Latin, 2015. p. 79-80.
[12] Ibidem, p. 74.
[13] Ibidem, p. 74.
[14] DALMARTELLO, 1939 apud BERALDO, Leonardo de Faria. **Direito societário na atualidade**: aspectos polêmicos. Belo Horizonte: Del Rey, 2007. p.182.

eliminação de um de seus participantes. Isso porque as sociedades eram formadas, em família, em razão de herança que recebiam, razão pela qual não era admitida a consecução da sociedade sem a presença de qualquer um dos consócios. Em outras palavras, só se admitia a dissolução total. Porém, já era viável, nessa época, a renúncia do sócio que não concordava com o mau comportamento de seu consócio. Com efeito, foi a partir da Idade Moderna que se pode ter como certo o surgimento do instituto.

Na lição de JULIANA JOÃO, pode-se afirmar com certeza que a exclusão do sócio só aparece a partir da Idade Moderna, quando a coesão dos sócios em torno da obtenção dos lucros suplanta o vínculo fraternal que os mantinha numa mesma sociedade. O fado dos sócios passa a ser indiferente na consecução do objeto social da sociedade. A remuneração do capital investido, e não os laços familiares, passa a ser o amálgama que prende os sócios à sociedade.[15]

Conforme bem explicitado pela Professora Doutora Priscila M. P. Corrêa: "Dalmartello, em seu conhecido estudo, arrolou três correntes doutrinárias que foram construídas, visando justificar a *ratio* principal da exclusão do sócio: teoria da disciplina taxativa legal, teoria do poder corporativo disciplinar e teoria contratualista."[16]

'Como profligou Dalmartello, a teoria da disciplina taxativa legal há de ser descartada porque demasiado do rígida para poder explicar um instituto submetido a predominantes interesses privados. Se é certo que a teoria lastreia-se em uma finalidade sócio-econômica, qual seja, a preservação da empresa, é inegável que

---

[15] JOÃO, 2004 apud BERALDO, Leonardo de Faria. **Direito societário na atualidade**: aspectos polêmicos. Belo Horizonte: Del Rey, 2007. p.182.
[16] FONSECA, Priscila M.P. Corrêa. **Dissolução Parcial, Retirada e Exclusão de Sócio**. 4.ed.. São Paulo: Atlas, 2007. p. 39.

esse interesse público – é de se adscrever – há de coincidir com o interesse particular dos sócios de também quererem manter a sociedade, porquanto, ao invés da exclusão, poderá o interesse deles indicar o caminho da dissolução da sociedade. Vale dizer, o interesse público de preservação da empresa há de se conjugar com o interesse privado dos sócios em mantê-la, a eles cabendo a faculdade de decidir a respeito. Ademais, se o objetivo da teoria é a preservação da empresa, parece lógico que quanto mais amplo o poder de exclusão, mais possibilidade terá a sociedade de manter-se, autotutelando-se. Se as causas de exclusão fecham-se em *numerus clausus*, ou seja, apenas naquelas elencadas pelo legislador, como querem seus arautos, ao invés de em *numerus apertus*, como predicam os adeptos da teoria contratualista, claro que o poder de exclusão estará exacerbadamente restrito, acabando por gerar, em casos não previstos, a dissolução da sociedade, com o consequente perecimento da empresa. Nem é exclusão uma pena. "Para tanto, falta-lhe, desde logo, a inderrogabilidade que caracteriza as penas: a sociedade tem o poder, não o dever, de declarar (ou fazer declarar) a exclusão. Depois, como já acentuara MOSSA, a exclusão não é concebida como uma sanção da conduta reprovável ou culposa do sócio ou mesmo do seu inadimplemento, nem é uma penalidade, já que pode basear-se em factos não culposos ou não imputáveis aos sócios.'[17]

Dada a conotação de profilaxia, consubstanciada no afastamento do sócio que se mostrou nocivo ou perturbador da vida social, assim pondo em risco ou dificultando a consecução do objeto social, e presente o caráter de disciplina, caracterizada pelo asseguramento ou restabelecimento da ordem e da paz no seio da sociedade, exsurge nítida, para os adeptos da teoria, a fundamentação do instituto da exclusão de sócio no poder disciplinar. Haveria

---

[17] LUCENA, José Waldecy. **Das sociedades limitadas**. 6 ed. Rio de Janeiro: Renovar, 2005. p. 702-703.

assim um poder disciplinar de direito privado, à semelhança do poder disciplinar da Administração Pública. As associações e sociedades de direito privado exerceriam, em relação a seus associados e sócios, o mesmo poder disciplinar que o Estado exerce sobre seus servidores. Exemplos eloquentes são as penas expulsivas e suspensivas, aplicáveis tanto a membros de associações como a servidores públicos faltosos. [...] O Estado mantém uma posição de supremacia sobre seus servidores, detendo o ente supremo o poder de impor penas, fundado em relações de hierarquia e subordinação com o objetivo de aperfeiçoamento progressivo do serviço público, enquanto a sociedade não detém igual poder em relação aos sócios, que a ela não se subordinam em uma relação hierarquizada e que são afastados do grêmio social tão-somente porque, desaparecida a *affecio societatis*, estão a prejudicar a consecução do objeto e do objetivo sociais, para cuja realização foi a sociedade constituída.[18]

Como traz a ilustre Prof. Dra. Priscila M. P. Corrêa, na teoria da disciplina taxativa legal, em casos expressamente previstos em lei e sempre a título sancionatório, ou seja, a exclusão teria caráter penal, restritivo e excepcional. Contudo, não prospera tal teoria, uma vez que estaria atribuído à sociedade o poder de punir, e, ainda, a exclusão pode basear-se em fatos não culposos ou não imputáveis ao sócio. Já a teoria do poder corporativo disciplinar admite que nem sempre a exclusão significa uma sanção, pois pode haver situações em que a expulsão se dá independentemente da culpa do sócio. O fundamento da exclusão baseia-se na soberania estatutária disciplinar que todo ente associativo exerce em relação a seus membros. Por fim, a teoria contratualista que apoia a exclusão no contrato social,

---

[18] LUCENA, José Waldecy. **Das sociedades limitadas.** 6 ed. Rio de Janeiro: Renovar, 2005. p. 703-704.

tendo como seguidores inúmeros respeitados juristas, tais como EGBERTO LACERDA TEIXEIRA, RUBENS REQUIÃO, FÁBIO KONDER COMPARATO, JOSÉ WALDECY LUCENA.[19] A teoria contratualista é a mais aceita, e, segundo Dalmartello 'una via di mezzo' entre as duas outras teorias, empresta a ela prestigiosa adesão e emite seu conceito de exclusão de sócio: 'l'istituto della escluzione non è altro, nella sua essenza, se non l'istituto della risoluzione del contrato sinallagmatico per inadempimento, adattato al contrato plurilaterale di societá commerciale, cioè contemperato col principio conservativo dell'impresa, ed oportunamente adeguato, dal lato della tecnica legislativa, perchè ad esso non sfugga alcuna ipotesi d'inadempimento della complessa obbligazione sociale.[20]

> Antes, advertira o autor que a sociedade é sim um contrato sinalagmático, mas não o contrato sinalagmático bilateral, sobre o qual se fixou a atenção da doutrina privada tradicional e a do legislador, porém o contrato sinalagmático plurilateral, em que o inadimplemento de uma obrigação isolada caracteriza apenas a falta do respectivo sinalágma, assim permitindo que as obrigações adimplidas dos outros sócios, mantendo o equilíbrio sinalagmático recíproco, não desagreguem o contrato como um todo. [...] O fundamento jurídico do instituto da exclusão é, em suma, a vontade contratual dos sócios, que assim se identifica com a resolução do contrato sinalagmático por inadimplemento, e que se traduz em condição resolutiva expressa na lei ou no estatuto, ou

---

[19] Conforme: FONSECA, Priscila M.P. Corrêa; SZTAJN, Rachel. **Código civil comentado:** Direito de empresa, artigos 887 a 926 e 966 a 1195. Colaboração de Eliseu Martins. Coordenador Álvaro Villaça Azevedo. São Paulo: Atlas, 2008. P. 39-42.
[20] Conforme: LUCENA, José Waldecy. **Das sociedades limitadas.** 6 ed. Rio de Janeiro: Renovar, 2005. p. 705.

em condição resolutiva tácita, que a própria lei declara ser subentendida em todo contrato sinalagmático.[21]

Tais ponderações servem, não apenas para trazer ao leitor deste trabalho conhecimento sobre o nascimento, se podemos assim dizer sobre o termo "exclusão de sócio", mas também que trataremos, ainda que superficialmente, tanto das hipóteses previstas no contrato social, quanto das não prescritas pelo legislador ou mesmo pelos sócios, distinguindo-as, no que nos couber.

Os Códigos prussiano e austríaco foram os primeiros a dispor sobre a matéria, já no direito positivo, conforme ensina o Professor Leonardo de Faria Beraldo.[22]

2.1. Na Itália

[23]Interessante comentar que o Direito Italiano, em seu artigo 2.286 do Código Civil, traz que *'gravi inadempienze dele obbligazioni che derivano dalla legge o dal contrato sociale, nonché per l'imterdizione o per la sua condanna ad uma pena che importa l'interdizione, anche temporânea, dai pubblici uffici'*.

Assim, 'o sócio que contribua com seu trabalho na sociedade também pode ser excluído, desde que verificada falta de aptidão para o trabalho que lhe foi conferido. A exclusão poderá ser deliberada pela maioria dos sócios, salvo em se tratando de sociedade com apenas dois, quando, então, deverá ser judicialmente.'[24]

---

[21] LUCENA, José Waldecy. **Das sociedades limitadas**. 6 ed. Rio de Janeiro: Renovar, 2005. p. 705.
[22] Conforme: BERALDO, Leonardo de Faria. **Direito societário na atualidade**: aspectos polêmicos. Belo Horizonte: Del Rey, 2007. p 183.
[23] Ibidem.
[24] BERALDO, Leonardo de Faria. **Direito societário na atualidade**: aspectos polêmicos. Belo Horizonte: Del Rey, 2007. p 185.

2.2. Na Argentina

Na Argentina, o instituto é tratado pela Ley 19.550/72. Aqui, podemos destacar o conteúdo do artigo 91, que exige a justa causa para tanto e afirma ser nula qualquer convenção em sentido contrário. Curioso observar que, dentre os poucos ordenamentos os quais nos preocupamos em estudar, o argentino é o único que estabeleceu um prazo decadencial para o exercício do direito de exclusão, que é de noventa dias.[25]

2.3. Em Portugal

O Direito Português, por outro lado, conforme o Código das Sociedades Comerciais, em seu art. 242, 1, alberga a expulsão do sócio, por decisão judicial, sempre que: 'com o seu comportamento desleal ou gravemente perturbador do funcionamento da sociedade, lhe tenha causado ou possa vir a causar-lhe prejuízos relevantes'.[26]

2.4. Na Espanha

O Direito Espanhol contempla a exclusão do sócio que

> [...] 'incumpla la obligación de realizar prestaciones **accesorias**, así como al sócio administrador que infrinja la prohibición de competencia o hubiera sido condenado por sentencia firme e indemnizar a la sociedad los daños y perjuicios causados por actos contrários a esta Ley o a los esta-

---

[25] BERALDO, Leonardo de Faria. **Direito societário na atualidade**: aspectos polêmicos. Belo Horizonte: Del Rey, 2007. p 183.
[26] PORTUGAL. Decreto Lei nº 262/86, 02 de setembro de 1986. **Código das Sociedades Comerciais**, art. 242, 1. Disponível em em: >http://www.pgdlisboa.pt/leis/lei_mostra_articulado.php?artigo_id=524A0242&nid=524&tabela=leis&pagina=1&ficha=1&so_miolo=&nversao=#artigo<. Acesso em: 23 jun. 2015.

tutos o realizados sin la debida diligencia.'(Lei nº 2, de 23 de março de 1995, art. 98).[27]

2.5. Na França

'Em *França*, a expressão *dissolution parcialle* abarca tanto a exclusão como a saída espontânea do sócio. O tema atualmente é regulado pela Lei n. 66.537, de 1967, que prevê a exclusão do sócio apenas "para o caso de nulidade, por incapacidade ou vício de consentimento, de subscrição e não-realização de capital, não oferecendo disciplina genérica.'[28]

2.6. No Brasil

A matéria exclusão de sócio não vinha de forma ampla, contemplada no Decreto 3.708/1919; este apenas previa a exclusão do sócio remisso. Em razão dessa omissão, a matéria, durante a longa e saudosa vigência do referido Decreto, acabou sendo orientada pelo artigo 339 do Código Comercial, que exigia "justa causa" ou "causa justificada" para a exclusão do sócio. Dispunha o já revogado artigo 339 do Código Comercial: *'O sócio que se despedir antes de dissolvida a sociedade ficará responsável pelas obrigações contraídas e perdas havidas até o momento da despedida. No caso de haver lucros a esse tempo existentes, a sociedade tem direito de reter os fundos e interesses do sócio que se despedir, ou for despedido com causa justificada, até se liquidarem todas as negociações pendentes que houverem sido intentadas".* No início da vigência do Decreto 3.708 de 1919, a doutrina e a jurisprudência reconheciam a possibilidade da exclusão extra-

---

[27] ESPANHA. Lei nº 2, de 23 de março de 1995, **Lei das Sociedades Limitadas.** art. 98. Disponível em: <http://www.sociedadeslimitadas.com/VersIngles/pg_capitulos.php?idx=cap9<. Acesso em: 23 jun. 2015.

[28] BERALDO, Leonardo de Faria. **Direito societário na atualidade:** aspectos polêmicos. Belo Horizonte: Del Rey, 2007. p 184.

judicial do sócio, fundada na justa causa, apenas quando o contrato social previsse expressamente essa possibilidade; em caso negativo, a exclusão deveria ser precedida de processo judicial onde se apuraria a justa causa autorizadora da exclusão. A questão evoluiu. Doutrina e jurisprudência acabaram reconhecendo a possibilidade da exclusão extrajudicial independentemente de previsão no contrato social, mas sempre exigindo a justa causa.'[29]

Em interpretação decebérrima, sempre invocada, Carvalho de Mendonça averbou que a exclusão dos sócios pode dar-se, além dos casos do sócio remisso e do sócio de indústria desleal, 'se for pactuado no contrato social que a maioria dos sócios pode destituir ou excluir qualquer deles em dadas circunstâncias'. E argumenta: se se pode estipular no contrato de sociedade que, retirado um sócio, a sociedade continue a subsistir entre os demais (cláusula comum especial para o caso de morte), é também lícito pactuar a exclusão de um sócio pelo voto da maioria em casos especiais cogitados no mesmo contrato.

Cômpar com essa doutrina, postou-se Miguel Reale, um dos projetistas do CC/2002, nos idos de 1944, em parecer igualmente célebre e no qual, após apostilar que "a essas duas hipóteses nenhuma pode ser acrescentada, porquanto os casos legais de despedida são taxativos", assim conclui seu douto escólio: "Por esses motivos, a nossa doutrina já pode ser considerada pacífica pelo menos em um ponto: a exclusão forçada de um sócio por deliberação de seus pares, representando a sociedade, quando não resultar das suas causas legais, *se poderá se verificar em virtude de expressa estipulação contratual*". Ou seja, exigia-se que do contrato social constasse uma cláusula resolutiva expressa.

---

[29] PROENÇA, José Marcelo Martins. A ação judicial de exclusão de sócio nas sociedades limitadas – legitimidade processual. In: YARSHELL, Flávio Luiz; PEREIRA, Guilherme Setoguti J. (coord.). **Processo societário**. São Paulo: Quartier Latin, 2012. p.420.

Assistia-se de razão o douto jusfilósofo, ao apontar o unívoco entendimento doutrinário. Ruy Barbosa, Lafayette Rodrigues Pereira, Visconde de Ouro Preto e Ulysses Vianna, os dois primeiros em janeiro e os dois últimos em fevereiro de 1900, emitiram pareceres em igual sentido. E Soares de Faria, em conhecido opúsculo de 1926, escoliava do mesmo modo, como também o fez, mais tarde, Waldemar Ferreira.

Assentou-se, destarte, que a cláusula referente ao sócio que "for despedido com causa justificada", constante ao artigo 339, do Código do Comércio, era compreensiva das *causas legais* pelo próprio Código elencadas, quais a do sócio remisso (art. 289) e a do sócio de indústria infiel (art. 317), e das *causas convencionais* de exclusão, fundadas em justa causa, ou seja, aquelas expressamente incluídas no contrato social, já que não "ofensivas" de sã moral e dos bons costumes" (art. 129, 2º), nem contrárias às "leis particulares do comércio" (art. 291).[30]

Interessante trazer ao conhecimento do leitor um trecho, que trata do tema, do "Esboço de Código Civil", de 1850-1860, conforme:

> Art. 3.219 – Ou a sociedade seja de tempo determinado ou indeterminado, nenhum dos sócios terá direito para excluir qualquer dos outros, salvo:
> Parágrafo 1º – Quando no contrato social se tiver estipulado a exclusão a arbítrio dos outros sócios, ou de algum deles, ou em casos previstos.
> Parágrafo 2º – Quando para a exclusão houver justa causa (art. 3.058, nº 1).
> Art. 3.220 – Haverá justa causa para qualquer dos sócios ser excluído da sociedade (art. 3.219, nº 2):

---

[30] LUCENA, José Waldecy. **Das sociedades limitadas.** 6 ed. Rio de Janeiro: Renovar, 2005. p. 713-714.

1º – Quando violar alguma das estipulações do contrato social, como no caso do art. 3.212.

2º – Quando não cumprir alguma de suas obrigações para com a sociedade (arts. 3.155 a 3.173), ou para com os sócios (arts. 3.217 e 3.218); tenha ou não havido culpa.

3º – Quando lhe sobrevier incapacidade e não ter preenchido no contrato social que em tal caso a sociedade continue com o representante do sócio incapaz.

4º – Quando decair da confiança dos outros sócios por insolvabilidade, fuga, ausência para lugar não sabido, perpetração de crime, má conduta, descrédito, inimizade com qualquer dos sócios, provocação de discórdia entre eles, desinteligências continuadas, e outros fatos análogos.

5º – Quando exigir a dissolução da sociedade por direito que a isso tenha, e os outros sócios quiserem nela continuar.

Art. 3.058 – Proíbe-se outrossim estipular, qualquer que seja a espécie de sociedade:

1º – Que qualquer dos sócios não possa renunciá-la, ou ser excluído, havendo para isso justa causa.

Nota-se, portanto, que embora 'a *mens legislatoris* estivesse representando um avanço em relação ao direito romano e às Ordenações, na realidade surgia em descompasso com a evolução do direito societário da época, no qual se debixavam sinais de ampliações das causas de exclusão de sócio, detectados por Teixeira de Freitas, o maior jurista da América no dizer de Pontes de Miranda'[31], conforme demonstrado no trecho destacado acima do 'Esboço de Código Civil'.

Assim, não é de se crer que os elaboradores do Código as desconhecessem inteiramente, para se confinarem na visão estreita do instituto que os pósteros se lhes imputaram.

---

[31] LUCENA, José Waldecy. **Das sociedades limitadas**. 6 ed. Rio de Janeiro: Renovar, 2005. p. 715-716.

Importante também ressaltar o art. 3.058, citado acima, no sentido de que este vedava a estipulação de cláusula que proibisse a exclusão de sócio. Miguel Reale deu razão ao entendimento de Teixeira de Freitas em seu esboço, considerando ser nula a cláusula contratual que obste o afastamento de sócio em caso de existência de justa causa.

O Departamento Nacional do Registro do Comércio (DNRC), inicialmente por meio da Instrução Normativa n. 7, de 16.9.86 (arts. 1º e 2º, com a redação que lhes deu a Instrução Normativa n. 17, de 13.8.87), que, por sua vez, seguiu os passos da Deliberação nº 11/84 da Junta Comercial do Estado de São Paulo, e, posteriormente pela Instrução n. 29, de 18.4.91 (arts. 13 e 14), passou a admitir o arquivamento de alterações contratuais de exclusão de sócio, pelas Juntas Comerciais, por mera deliberação majoritária. Essa orientação do DNRC veio incrivelmente a ser consagrada no Decreto 1.800/96, que regulamentou a Lei 8.934/94 (Lei de Registro Público de Empresas Mercantis) e cujo art. 54 assim prescreveu:

[...] Art. 54. A deliberação majoritária, não havendo cláusula restritiva, abrange também as hipóteses de destituição da gerência, exclusão de sócio, dissolução e extinção de sociedade.

Parágrafo único. Os instrumentos de exclusão de sócio deverão indicar, obrigatoriamente, o motivo da exclusão e a destinação da respectiva participação no capital social.

Tudo isso sem falar na jurisprudência- inclusive do Superior Tribunal de Justiça – que passou a chancelar o direito de a maioria excluir o sócio incômodo por simples desinteligência, independentemente de causa que o justificasse!

Dessa forma, sem ser convocado, ou ao menos notificado previamente, o sócio era excluído por simples deliberação majoritária. Dormia acreditando ser sócio e acordava com o oficial de justiça na sua porta, citando-o para uma ação de apuração de haveres, com a alteração do contrato social já (in)devidamente arquivada na Junta Comercial.[32]

Façamos um paralelo com outros ordenamentos jurídicos: o parágrafo 140 do *Handelsgesetzbuch* alemão (ao regrar a sociedade em nome coletivo, sendo também aplicável às sociedades em comandita simples) exige *wichtiger Grund*, e o art. 2286, 1, do *Codice Civile* italiano (ao regrar as sociedades de pessoas), exige *gravi inadempienze dele obbligazioni che derivano dalla legge o dal contrato sociale*"[33], como vimos mais acima.

Nem outras eram as razões oferecidas pela doutrina na vigência do Código Comercial relacionadas à exclusão de sócio, como se lê:

Art. 336. As mesmas sociedades podem ser dissolvidas judicialmente, antes do período marcado no contrato, a requerimento de qualquer dos sócios:
[...]
2. por inabilidade de alguns dos sócios, ou incapacidade moral ou civil, julgada por sentença (que equivale à justa causa do texto atual);
3. por abuso, prevaricação, violação ou falta de cumprimento das obrigações sociais, ou fuga de algum dos sócios (falta de cumprimento de obrigação social é hipótese contida no art. 1004 do Código).

Não há que se falar, assim, atualmente, em dissolução das sociedades baseada em uma daquelas situações, mas sim em exclusão de sócios, ou seja, por dissolução parcial, o que atende ao interesse social de preservação da empresa.

---

[32] FRANÇA, Erasmo Valladão Azevedo e Novaes. Prefácio. In: SPINELLI, Luis Felipe. **A exclusão de sócio por falta grave na sociedade limitada.** São Paulo: Quartier Latin, 2015. p. 11-12.
[33] Conforme: SPINELLI, Luis Felipe. **A exclusão de sócio por falta grave na sociedade limitada.** São Paulo: Quartier Latin, 2015. p. 77.

Entendemos que a redução da intervenção do Judiciário em questões internas da sociedade – a exclusão de sócio é desse tipo – sem algum tipo de controle externo, os efeitos imediatos de uma exclusão desmotivada ou fundada em questões pessoais podem ser danosos para a sociedade; além disso, o excluído poderá ver sua reputação maculada pelo ato dos outros sócios.

Na prática, 'diante da dificuldade de enumeração de todas as hipóteses de justa causa, devem ser estabelecidos critérios para enquadramento de situações fáticas em tal conceito. Assim, por justa causa deve-se entender todo motivo grave e superveniente ao ingresso do sócio que prejudique ou dificulte o exercício da atividade empresarial, causado ou não por sua culpa, impedindo a convivência harmoniosa em sociedade.' [34]

Ainda, importante apurar a conveniência ou não da exclusão do sócio.

Paradoxalmente, a exclusão de sócio, ao invés de preservar, pode gerar o fim da empresa. É o caso de algumas hipóteses previstas em lei, como na insolvência ou interdição de um sócio. Tomando a determinação legal como norma cogente, a atividade pode ser inviabilizada pelo desembolso de capital para pagamento da participação do sócio excluído. Do ponto de vista da importância da pessoa do sócio, a colaboração do membro excluído pode ser essencial ao desenvolvimento da atividade e a sua exclusão pode tornar a empresa inexequível. Um sócio, mesmo insolvente, pode ser fundamental, entre outros, por seu relacionamento com a clientela ou pela qualidade de seu trabalho, ainda mais no mundo moderno, caracterizado pela elevadíssima especialização, fazendo

---

[34] RIBEIRO, Renato Ventura. **Exclusão de Sócios nas Sociedades Anônimas** – São Paulo: Quartier Latin, 2005. p. 179.

com que, em muitas localidades sejam raros os profissionais com tal perfil.

Para evitar tal problema, ao lado da aferição dos requisitos legais, deve-se verificar a conveniência ou não da exclusão do sócio, pois, apesar de motivos graves a justificar a medida, a saída do membro pode representar prejuízo maior à sociedade do que a sua permanência. Sob pena da exclusão de sócio, ao invés de conservar, acarretar o fim da empresa.[35]

3. O Princípio da Preservação da Empresa

O princípio da preservação da empresa pode ser considerado um dos mais relevantes fundamentos do direito comercial moderno. Conforme exposto por José Waldecy Lucena, a função social de uma empresa fez com que fosse repensada a antiga concepção romanística de que o único caminho para a retirada forçosa de um sócio seria por meio da dissolução total da sociedade. [...] O exame de uma empresa inserida na comunidade que a rodeia deixa claro que seus efeitos se estendem muito além de seus próprios sócios.[36]

Entendemos, como vamos expor a seguir, que o princípio da preservação da empresa é o principal fundamento da existência do instituto da exclusão de sócio, justificando a prevalência

---

[35] RIBEIRO, Renato Ventura. **Exclusão de Sócios nas Sociedades Anônimas** – São Paulo: Quartier Latin, 2005. P. 162.
[36] TONUSSI, Erico Lopes. Exclusão de sócio por justa causa nas sociedades limitadas – aspectos controversos. **Revista do Instituto dos Advogados de São Paulo**, v. 32, p. 1-14, jul. 2013. Disponível em: <http://www.revistadostribunais. com.br/maf/app/resultList/document?&src=rl&srguid=i0ad81816000001466 421af2e845ed9f6&docguid=I36af3690694111e39170010000000000&hitguid =I36af3690694111e39170010000000000&spos=5&epos=5&td=7&context=38 &startChunk=1&endChunk=1>. Acesso em: 03 jun. 2014. (paginação da versão eletrônica difere da versão impressa) p. 77.

dos interesses coletivos (de manutenção das atividades de uma empresa) frente aos interesses individuais (de um sócio específico).

4. Justa Causa – Conceito e sua Necessidade para Ensejar a Exclusão do Sócio nas Sociedades Limitadas

A formatação do conceito de *justa causa* se deu com a aceitação da idéia de ser o contrato plurilateral o elemento formador da sociedade. Esse contrato, como ensinou Tulio Ascarelli (2001), se caracteriza pela reunião de partes em torno do objetivo comum de desenvolver uma atividade social, por meio da mútua e indispensável colaboração entre todos os sócios, havendo, assim, a *affectio societatis*.[37]

"'Falta grave", bem como "ato de inegável gravidade", é conceito jurídico indeterminado, sendo uma opção correta do legislador brasileiro, pois confere certa flexibilidade ao instituto da exclusão de sócio. Assim, agiu bem o legislador, havendo a necessidade de verificação, in concreto, de quais deveres foram descumpridos e de todas as circunstâncias para, então, avaliar-se se é caso ou não de exclusão."[38]

O sábio português Raúl Ventura já dizia: 'o traço diferencial da justa causa reside em esta consistir em circunstâncias ou comportamentos dos sócios, com reflexos no comportamento da sociedade, desde que tudo isto atinja um certo grau de gravidade.[39]

---

[37] PROENÇA, José Marcelo Martins. A ação judicial de exclusão de sócio nas sociedades limitadas – legitimidade processual. In: YARSHELL, Flávio Luiz; PEREIRA, Guilherme Setoguti J. (coord.). **Processo societário**. São Paulo: Quartier Latin, 2012. P.421-422.

[38] SPINELLI, Luis Felipe. **A exclusão de sócio por falta grave na sociedade limitada**. São Paulo: Quartier Latin, 2015. P. 85.

[39] Conforme: BERALDO, Leonardo de Faria. **Direito societário na atualidade**: aspectos polêmicos. Belo Horizonte: Del Rey, 2007. p 202.

O Prof. Leonardo de Faria Beraldo leciona que: 'justa causa ou falta grave são conceitos abertos e subjetivos, cabendo aos sócios e ao julgador verificar, no caso concreto, a existência ou não de sua ocorrência.[40]
Conforme entendimento do Professor Leonardo de Faria Beraldo:

> Exige-se para configurar justa causa a ocorrência de um dano, ou uma potencialidade de dano à sociedade. Este elenca algumas práticas ou atos dos sócios que podem ser tidos como justa causa para embasar pedido de sua exclusão: (i) utilizar capital da firma para uso próprio; (ii) má gestão ou transgressão dos deveres do administrador ou gerente; (iii) ausência injustificada do sócio; (iv) não cumprimento na prestação de serviços considerados de natureza personalíssima; dentre outros.[41]

"Falta grave" é conceito legal indeterminado que deve ser concretizado à luz da realidade específica da sociedade. É preciso, pois, em cada caso, avaliar o comportamento dos demais sócios: se todos eles são igualmente responsáveis por dada conduta e sobre o excluindo arbitrária de um ou alguns deles em benefício dos demais, igualmente responsáveis – até porque, neste particular, ser, ou não, maioria não é critério de desempate ou de abono de conduta.[42]

O grande escritor sobre este tema específico, o Prof. Dr. Luis Felipe Spinelli, ensina que:

> A falta grave justificadora da exclusão do sócio deve prejudicar ou colocar em risco a atividade negocial (o ato de inegá-

---

[40] BERALDO, Leonardo de Faria. **Direito societário na atualidade**: aspectos polêmicos. Belo Horizonte: Del Rey, 2007. p 202.
[41] Ibidem, p 203.
[42] ADAMEK, 2011 apud SPINELLI, Luis Felipe. Proporcionalidade e Igualdade de Tratamento na Exclusão de Sócio por Falta Grave na Sociedade Limitada. **Revista Jurídica**, Brasil, Ano 62, n. 444, p. 79-100, out. 2014.

vel gravidade deve ocasionar ou ter potencialidade de ocasionar algum dano à sociedade, tornando mais difícil ou impedindo a realização de seus fins), não precisando necessariamente causar dano à sociedade. Ou, melhor dizendo: não é pressuposto para a exclusão a existência de dano, bastando a sua potencialidade (da mesma forma como o dano não é pressuposto para a resolução de qualquer contrato). [43]

Ensina, ainda,
A exclusão de sócio por cometimento de falta grave prescinde do elemento subjetivo do sócio inadimplente, *i.e.*, o sócio não precisa agir com culpa ou dolo (como não se exige na resolução de qualquer outro contrato); a lei não exige, mesmo porque não se trata de pena (sanção) imposta ao quotista. A culpa ou dolo (de regra) pressuposto da responsabilidade civil, e não do ato ilícito (nem para a tomada de medidas que objetivem evitar – prevenir – que o ilícito ocorra). [44]

Os doutos, de Carvalho de Mendonça a Pontes de Miranda, passando por Soares de Faria, Waldemar Ferreira e Miguel Reale, como visto, sempre seguidos pelos Tribunais, inadmitiam pudesse dar-se a exclusão de sócio, que não se fundasse em causa legal ou convencional. No peremptório dizer de Pontes de Miranda, "fora daí (isto é, de causa legal), há de haver a cláusula contratual, com a indicação das razões bastantes". [...] 'Em face da lei e da jurisprudência de nossos tribunais, não é possível cogitar-se da possibilidade de exclusão de sócio sem cláusula expressa a respeito, não podendo, também, ser conferida ao arbítrio de uma única pessoa nos termos do art. 115 do Código Civil'. [...] A *vol d'oiseau*, ocorre mencionar Washington de Barros Monteiro, Fran Martins, Pris-

---

[43] SPINELLI, Luis Felipe. **A exclusão de sócio por falta grave na sociedade limitada.** São Paulo: Quartier Latin, 2015. p. 101.
[44] SPINELLI, Luis Felipe. **A exclusão de sócio por falta grave na sociedade limitada.** São Paulo: Quartier Latin, 2015. p. 103.

cila Maria Pereira Corrêa da Fonseca, Egberto Lacerda Teixeira, Fábio Konder Comparato e as quais veio se juntar Miguel Reale, o qual esclarecendo que seu parecer de 1944, suso mencionado, era restrito ao "procedimento administrativo do registro contratual pelas Juntas Comerciais, e não ao caso diverso de *exclusão de sócio pleiteada originariamente em Juízo*", averbou que, nessa última hipótese, somente se "exige o pressuposto da justa causa", dispensando-se a existência de cláusula expressa no contrato.[45]

E já adiante que o CC/2012, ao disciplinar expressamente a exclusão de sócio de sociedade limitada, o que é altamente louvável, igualmente valeu-se da mesma locução – justa causa (art. 1085), embora, ao artigo 1.030, tenha recorrido à locução *falta grave*, que é semântica e juridicamente inferior, para justificar a exclusão na sociedade simples.[46]

A exclusão de sócio por falta grave é importante mecanismo de tutela da sociedade. Todavia, não se pode esquecer que os sócios também devem ser protegidos, especialmente para evitar (ou combater) exclusões arbitrárias.[47]

4.1. Superveniência e Atualidade da Falta Grave

A falta grave que legitima a exclusão de sócio deve, necessariamente, estar embasada em fatos posteriores (supervenientes) ao ingresso do sócio na sociedade (ou à constituição da sociedade). [...] A falta grave como salientado, deve ser *atual*, ou seja: a conduta (falta grave) do sócio inadimplente não pode ter recebido o perdão

---

[45] Conforme: LUCENA, José Waldecy. **Das sociedades limitadas.** 6 ed. Rio de Janeiro: Renovar, 2005. p. 718 e 719.
[46] LUCENA, José Waldecy. **Das sociedades limitadas.** 6 ed. Rio de Janeiro: Renovar, 2005. P. 727.
[47] SPINELLI, Luis Felipe. Proporcionalidade e Igualdade de Tratamento na Exclusão de Sócio por Falta Grave na Sociedade Limitada. **Revista Jurídica,** Brasil, Ano 62, n. 444, p. 79-100, out. 2014.

(ou renúncia) dos demais quotistas (e não por administradores ou empregados) que perfaçam, é claro, o quórum de deliberação necessário para a promoção da exclusão, ou seja, desde que não mais mantenham os pressupostos para a realização da exclusão de sócio, judicial ou extrajudicialmente. E, aqui, pouco importa se tal perdão é expresso (que pode se dar das mais diversas formas: em assembleia ou reunião de sócios, por meio de correspondências aquiescendo com os atos realizados, etc. – equivalendo a uma verdadeira renúncia) ou tácito (como negociação consciente da sociedade com a sociedade controlada pelo outro sócio que pratica concorrência) ou se, ainda, ocorre a incidência do instituto da *supressio* (CC, art. 187).[48]

4.2. Cessação da Justa Causa

Concordamos com o Prof. Dr. Luiz Felipe Spinell no sentido de que:

> se iniciado tempestivamente o procedimento de exclusão, a cessação da falta praticada pelo sócio pode ser levada em consideração pelos sócios para que, então, reflitam sobre a real necessidade de eliminação (realização do juízo de conveniência e oportunidade); todavia, isso não é suficiente para extirpar do mundo jurídico os efeitos do cumprimento praticado.[49]

Já o Prof. Dr. Renato Ventura Ribeiro entende que, cessado o motivo relevante, não mais se justificaria a continuidade do procedimento, tendo em vista que a sociedade deixa de ser prejudicada.

---

[48] Conforme: SPINELLI, Luis Felipe. **A exclusão de sócio por falta grave na sociedade limitada.** São Paulo: Quartier Latin, 2015. p. 105-107.
[49] SPINELLI, Luis Felipe. **A exclusão de sócio por falta grave na sociedade limitada.** São Paulo: Quartier Latin, 2015. p. 113.

A JUSTA CAUSA PARA EXCLUSÃO DE SÓCIO NAS SOCIEDADES LIMITADAS

4.3. Conclusão do Artigo de Autoria da Profa. Dra. Maria Eugênia Finkelstein – Acórdão APCIV 9130800-27.2004. 8.26.0000 do Tribunal de Justiça do Estado de São Paulo

Ressaltamos aqui o trabalho desenvolvido pela Professora Doutora Maria Eugênia Finkelstein, no artigo que analisou o acórdão relativo à ApCiv 9130800-27.2004.8.26.0000 do Tribunal de Justiça do Estado de São Paulo (TJSP), relativo a um caso de exclusão de sócio por justa causa em sociedade limitada. Este traz:

> [...] A exclusão extrajudicial por justa causa é prevista pelos arts. 1.085 e 1.086 do CC/2002 (LGL\2002\400).
>
> Assim, será possível a exclusão de sócio por justa causa, desde que conste expressa previsão neste sentido no contrato social.
>
> O legislador, no entanto, não definiu a falta grave ou ato de inegável gravidade (justa causa), "por ser este um conceito fluido, que pode referir aos deveres positivo (comissivos) ou negativos (omissivos) do sócio".
>
> O art. 1.085 inovou em permitir a exclusão de sócio se ele estiver colocando a vida da sociedade em risco, através de atos de inegável gravidade. Colocar a vida da sociedade em risco significa impedir ou atrapalhar a perseguição de seu objetivo social por qualquer forma.
>
> Veja-se que esta é, sem dúvida, uma evolução quanto à normativa anterior, que admitia que um sócio fosse excluído por mera quebra de *affectio societatis*. Fábio Konder Comparato[9] entende a *affectio societatis* como um consenso que deve se manter durante toda a vida social. Já a quebra de *affectio societatis* abrange todo e qualquer motivo que justifique que os sócios não mais tivessem a intenção de permanecer sócios, por mais fúteis e mínimos que tais motivos sejam.
>
> Atualmente resta claro que a quebra da *affectio societatis* não mais justifica a exclusão de sócio. Essa possibilidade acabou por

gerar a consequência de que qualquer sociedade poderia – a qualquer momento – ser dissolvida em relação a um dos sócios, sendo que os haveres do excluído teriam que ser-lhe reembolsados, com claro impacto no capital de giro e na capacidade de perseguição do objetivo social.

Desta feita, houve por bem o legislador restringir essa possibilidade ao determinar que a exclusão poderia ser ensejada por justa causa, entendida esta como prática de atos por um dos sócios que colocasse em risco a vida da sociedade. O Enunciado 67 do CJF, aprovado na I Jornada de Direito Civil, esclarece que "a quebra do *affectio societatis* não é causa para a exclusão do sócio minoritário, mas apenas para dissolução (parcial) da sociedade".

Destaque-se, no entanto, a ampla significação do conceito de justa causa, utilizado pelo legislador do Código Civil (LGL\2002\400). É de se salientar que o que configura justa causa para uma pessoa pode não configurar para outra. Por este motivo mesmo, o Código Civil (LGL\2002\400) de 2002, em seu art. 1.086, esclareceu que somente dão ensejo à exclusão, medida extraordinária, atos que a maioria entender como de inegável gravidade e que ponham em risco a continuidade da empresa.

A exclusão extrajudicial por justa causa ocorre mediante alteração do contrato social. Neste caso, a exclusão será determinada por meio de reunião ou assembleia de sócios, convocada especialmente para esse fim. Ao sócio a ser excluído deve ser dada a possibilidade de estar presente à reunião ou assembleia de sócios que sobre isso for deliberar, devendo ser-lhe dado direito de defesa. A decisão de exclusão do sócio deve ser fundamentada e expressa na ata ou assembleia dos sócios. Cumpre lembrar que é desnecessária a assinatura do sócio excluído no ato deliberativo que o excluir.

Adalberto Simão Filho nos traz quatro pressupostos da exclusão por justa causa, quais sejam:

(a) previsão contratual;
(b) ações ou omissões de inegável gravidade;

(c) deliberação em assembleia realizada para esta finalidade;

(d) cientificação do sócio a ser excluído acerca da realização da assembleia para possibilitar o seu comparecimento.

Aqui deve ser comentado o fato de que a lei não previu a necessidade de que o sócio deva ser informado acerca do motivo que ensejou a sua possível exclusão. Em outras palavras, qual foi o ato de inegável gravidade por si praticado. Parece-nos, claro, entretanto, que ele deva ser informado, uma vez que a finalidade deste dispositivo é possibilitar o direito de defesa deste sócio. Neste sentido, Manoel Pereira Calças.

Nos termos do art. 1.085 do CC/2002 (LGL\2002\400), um ou mais sócios poderão ser excluídos por justa causa da sociedade, quando a maioria dos sócios entender que aqueles sócios estão pondo em risco a continuidade da empresa, em virtude de atos de inegável gravidade.

O art. 1.085, além de tratar das hipóteses de exclusão de sócios, cria regras específicas para aprovações de alteração de contrato social por motivação específica.

Frise-se que o contrato social da limitada deve admitir expressamente a exclusão por justa causa, ainda que não seja necessário discorrer sobre o que possa vir a caracterizar a justa causa.

A exclusão por justa causa, assim, deverá obedecer a alguns requisitos, quais sejam:

(a) o sócio coloca em risco a continuidade da empresa;

(b) previsão de exclusão por justa causa no contrato social;

(c) realização de assembleia especialmente convocada para este fim, com aprovação representativa de mais da metade do capital social; e

(d) ciência do acusado em tempo hábil para permitir seu comparecimento e o exercício do direito de defesa.[50]

---

[50] FINKELSTEIN, Maria Eugênia. Exclusão de sócio por justa causa: necessidade de assembleia específica. **Revista dos Tribunais**, v. 920, p. 1-10, jun. 2012. Disponível em: < http://www.revistadostribunais.com.br/maf/app/

5. Exclusão do Sócio – Conceito, Aspectos Legais e suas Nuances no Direito Societário no Brasil

[51]A exclusão nada mais significa do que o afastamento compulsório do sócio descumpridor de suas obrigações sociais. Cuida-se, portanto, de uma medida coativa, devendo ser motivada. Tão somente o sócio inadimplente, causador de discórdia ou desavenças, poderá ser compulsoriamente afastado da sociedade. Por essa razão, anota FÁBIO ULHÔA COELHO, 'essa modalidade de desvinculação do sócio não é manifestação da vontade discricionária da maioria. O que se dá, afinal, é uma específica distribuição do ônus da prova: na extrajudicial, o expulso deve provar que não descumpriu nenhuma de suas obrigações de sócio, se pretender se reintegrar à sociedade; na expulsão judicial, cabe aos remanescentes provar a culpa do sócio cuja expulsão pleiteiam'.

Com arrimo no texto do novo Código Civil, Título II, pode-se atestar, sem dúvidas, que a nova legislação societária pátria prevê a possibilidade de exclusão de sócio quotista de sociedade limitada, caso caracterizada qualquer uma das 6 (seis) hipóteses adiante indigitadas:

I – Caso caracterizado o disposto no artigo 1004, e seu parágrafo único: mora, de quotista, na integralização do capital social subscrito, na forma prevista no contrato social;

II – Artigo 1030: falta grave, pelo quotista, no cumprimento de suas obrigações, ou, ainda, por incapacidade;

III- Artigo 1030, parágrafo único: em caso de falência do sócio quotista;

---

latestupdates/document?&src=rl&srguid=i0ad818150000014663f6359affcac
270&docguid=Iebl41450b12a11e1907400008517971a&hitguid=Iebl41450b12
a11e1907400008517971a&spos=21&epos=21&td=70&context=16&startChun
k=1&endChunk=1>. Acesso em: 03 jun. 2014. (paginação da versão eletrônica difere da versão impressa) p. 9-10.
[51] FONSECA, Priscila M. P. Corrêa. Dissolução parcial, retirada e exclusão de sócio no Código Civil – São Paulo: Atlas, 2005. p. 121-122.

IV- Artigo 1030, parágrafo único: liquidação da quota detida pelo sócio, em caso de sua penhora, nos termos do artigo 1026, parágrafo único, do mesmo Código;

V – Artigo 1058: não integralização do valor da quota pelo sócio remisso;

VI – Artigo 1085: um, ou mais sócios, detentores da minoria do capital social, poderão ser excluídos caso coloquem em risco a continuidade da empresa, em virtude de atos de inegável gravidade.[52]

A exclusão, viu-se, é a expulsão de sócio da comunidade social. Se com o direito de recesso objetiva-se a proteção do sócio minoritário, com a exclusão busca-se a proteção imediata e direta da sociedade e mediata e indireta dos consócios, contra o sócio excluendo.[53]

5.1. *Affectio Societatis* – Conceito, Importância e a Necessidade de Comprovação da Justa Causa para Exclusão de Sócio

O nobre e inspirador Prof. Dr. José Marcelo Martins Proença nos ensina:

> (...) Dessa forma, o conceito de *affectio societatis*, da maneira como lançado, deve ser entendido como "fim comum", ou seja, as partes contratantes de uma sociedade visam, sobretudo, a um fim comum – o elemento da convergência das manifestações de von-

---

[52] RODRIGUES, Frederico Viana. Direito de Empresa no Novo Código Civil – Rio de Janeiro: Forense. P. 300
GUIMARÃES, Leonardo. Exclusão de sócio em sociedade limitada no novo Código Civil.
In: RODRIGUES, Frederico Viana. **Direito de Empresa no Novo Código Civil.** Rio de Janeiro: Forense, 2004. p. 291-310.
[53] LUCENA, José Waldecy. **Das sociedades limitadas.** 6 ed. Rio de Janeiro: Renovar, 2005. p. 701.

tade dos sócios. Esta é formada por dois elementos: a fidelidade e confiança. A fidelidade está ligada ao respeito à palavra dada, à vontade expressada por ocasião da constituição da sociedade. A confiança diz respeito à ligação entre os sócios, que devem colaborar para a realização de um interesse comum. [54]

Já quanto aos julgados que versam sobre a matéria, demonstrando necessidade de comprovação de justa causa, trazemos expressamente parte do acórdão prolatado, que nos serve de lição, conforme:

> [...] **SOCIEDADE POR QUOTAS DE RESPONSABILIDADE LIMITADA – Dissolução parcial – Exclusão judicial de sócio pela quebra da affectio societatis – Inadmissibilidade – Ausência de comprovação de justa causa.** [...]
> *Ação:* de dissolução parcial de sociedade com a finalidade de exclusão dos sócios Faissal Assad Raad e Maria Bernadete Demeterco Raad. Figura como litisconsorte passiva necessária a sociedade Concorde Administração de Bens Ltda. Os sócios são os irmãos RAAD e suas respectivas esposas, sendo que a divisão do capital social é feita na proporção de 50% (cinquenta por cento) para cada casal. Aduzem os autores que a associação familiar tem aproximadamente 30 anos e compreende vários empreendimentos. Contudo, nos últimos anos ocorreram vários desentendimentos entre os irmãos, culminando com a propositura de uma ação cautelar pelos réus, na qual foram feitas diversas alegações caluniosas, difamatórias e injuriosas, que acabaram por quebrar a confiança e credibilidade recíprocas. Assim, com fundamento na quebra da *affectio societatis,* requereram a dissolução parcial da

---

[54] Conforme: PROENÇA, José Marcelo Martins. A ação judicial de exclusão de sócio nas sociedades limitadas – legitimidade processual. In: YARSHELL, Flávio Luiz; PEREIRA, Guilherme Setoguti J. (coord.). **Processo societário.** São Paulo: Quartier Latin, 2012. P.422.

sociedade, dela excluindo os réus Faissal Raad e Maria Bernadete Demeterco Raad, assegurada a apuração de haveres (e-STJ f.).

Contestação: os réus admitem a quebra da *affectio societatis*, mas aduzem que a exclusão de sócios, quando não há maioria do capital social, exige a comprovação da justa causa, ou seja, depende da "aferição de qual das partes praticou atos que, *por contrários aos interesses da sociedade*, tenham implicado em justa causa para sua exclusão" (e-STJ f. – com destaque no original). E, na hipótese, os autores não teriam sequer atribuído aos réus a prática de algum ato nocivo aos interesses da sociedade, que justificasse a sua exclusão. Além disso, noticiam a existência de outras ações de dissolução parcial de outras sociedades constituídas pelas partes, bem como de ação de exclusão de sócio por eles promovida contra os autores, principal à cautelar mencionada na inicial.

Sentença: julgou improcedente a ação, sob o fundamento de que a perda da *affectio societatis* não é suficiente para a exclusão de sócio, mas apenas para o pedido de demissão ou retirada. Assim, era ônus dos autores comprovar a existência de motivo justo para a exclusão dos réus do quadro societário da empresa. Ônus esse do qual não se desincumbiram. Foi interposta apelação por Seme Raad e Suzana Tfeli Raad, com a finalidade de rever a decisão e reduzir o valor dos honorários fixados, em razão da sucumbência.

Acórdão: deu parcial provimento ao recurso, apenas para reduzir o valor da verba honorária, conforme a seguinte ementa (e-STJ f.).

[...]

V – Violação do art. 336, I, *do* CCo (LGL\1850\1)

Os recorrentes alegam que o acórdão recorrido violou o referido dispositivo, pois, ao contrário do que foi decidido, ele permitiria a dissolução da sociedade por quebra da *affectio societatis*, a qual, por si só, configuraria justa causa para o pedido de exclusão dos recorridos do quadro societário da empresa Concorde Administração de Bens Ltda.

Conforme deixa claro o acórdão recorrido, não se trata a presente de simples ação de dissolução de sociedade: os autores pretendem a exclusão dos réus do quadro societário da empresa. Para tanto, aduzem que houve perda da *affectio societatis*. E, segundo o entendimento do tribunal de origem, a perda da *affectio societatis* autorizaria apenas a retirada dos autores, não a exclusão dos réus. Essa última, para ser deferida, exigiria a prova do descumprimento das obrigações sociais ou, pelo menos, de quem deu causa à quebra da *affectio societatis*.

[...]

Assim, a dissolução parcial da sociedade, fundada na perda da *affectio societatis*, no sistema do Código Comercial, poderia ocorrer por intermédio do exercício do direito de retirada ou pela exclusão de um dos sócios. Observe-se, contudo, que, na segunda hipótese, por se tratar de ato de extrema gravidade, exigia-se não apenas a alegação de rompimento da *affectio societatis*, mas a demonstração de uma justa causa, ou seja, de alguma violação grave dos deveres sociais, imputável ao sócio, que tenha acabado por gerar esse rompimento e, consequentemente, que justificasse a exclusão.

Conforme o magistério de Erasmo Valladão Azevedo e Novaes França e de Marcelo Vieira Von Adameck:

Na realidade, a quebra de *affectio societatis* jamais pode ser considerada causa de exclusão. Pelo contrário, a quebra de *affectio societatis* é, quando muito, consequência de determinado evento, e tal evento, sim, desde que configure quebra grave dos deveres sociais imputável ao excluendo, poderá, como *ultima ratio*, fundamentar o pedido de exclusão de sócio. Em todo caso, será indispensável demonstrar o motivo desta quebra da *affectio societatis*, e não apenas alegar a consequência, sem demonstrar sua origem e o inadimplemento de dever de sócio que aí possa estar. A quebra de *affectio societatis*, insista-se, não é causa de exclusão de sócio; o que pode eventualmente justificar a exclusão de sócios é a violação dos deveres de lealdade e de colaboração" (*Affectio societa-*

tis: um conceito jurídico superado no moderno direito societário pelo conceito de fim social, *Direito societário contemporâneo I*. São Paulo: Quartier Latin, 2009. p. 155).

[...]

Algumas causas que justificavam a exclusão estavam expressas no Código Comercial (no próprio art. 336, 2º e 3º; no art. 335, 2º, 4º e 5º e no art. 289), mas não eram taxativas, admitindo-se, portanto, a exclusão do sócio com base no descumprimento dos deveres sociais, desde que, comprovadamente, implicassem prejuízos ou ameaças à consecução do fim social da empresa (art. 336, 1º c/c o art. 339, ambos do CCo (LGL\1850\1)), observando-se que a referência à justa causa para a exclusão estava, na segunda parte do art. 339 do CCo (LGL\1850\1).

Esse entendimento vigora até os dias de hoje, tanto que o Código Civil (LGL\2002\400) de 2002, ao disciplinar o tema da exclusão do sócio, também exige que seja apresentada uma justa causa, consubstanciada no cometimento de alguma falta grave (arts. 1.030 e 1.085), para a sua efetivação.

[...]

Na hipótese analisada, os recorrentes propuseram ação com a finalidade de excluir os recorridos do quadro societário da empresa e alegaram como único fundamento a quebra da *affectio societatis*. Aliás, eles deixam bem claro que não pretendem discutir as razões pelas quais essa quebra ocorreu, aduzindo que o art. 336, 1º, do Código Comercial, não faz exigência nesse sentido para autorizar a exclusão de sócio.

A quebra da *affectio societatis* foi admitida pelos recorridos. Todavia, eles negam que tenham sido eles os responsáveis, instaurando-se, por consequência, controvérsia acerca (i) de quem teria causado a quebra da *affectio societatis* e (ii) em decorrência da prática de quais atos. Foi proferido julgamento antecipado, a pedido dos próprios recorrentes, sem que essa controvérsia pudesse ter sido dirimida, com a eventual demonstração de quem foi a responsabilidade pela desinteligência entre os sócios, ou seja, sem que a justa causa para a exclusão dos recorridos fosse demonstrada pelos recorrentes.

Dessa forma, realmente inviável a procedência da ação, como reconhecido na sentença e ratificado pelo acórdão recorrido. Com efeito, o art. 336, 1º, do CCo (LGL\1850\1) pode ser invocado para fundamentar a exclusão do sócio, por rompimento da *affectio societatis*, mas desde que a causa desse rompimento seja demonstrada.[55]

Há outros julgados neste sentido, conforme:

SOCIEDADE POR QUOTAS DE RESPONSABILIDADE LIMITADA – Dissolução parcial – Inadmissibilidade – Código Civil atual que não permite exclusão judicial de sócio pela mera alegação de quebra da affectio societatis – Necessidade de existência de previsão contratual e comprovação do comportamento grave que coloca em risco a continuidade da empresa – Contrato social, ademais, que apenas prevê o distrato integral da entidade societária.

[...] A discussão versa, basicamente, sobre o atual regime jurídico de exclusão de sócio de sociedade limitada. Basta o mero desaparecimento da *affectio societatis*, ou, ao contrário, se exige a alegação e a comprovação de atos graves do sócio excluído, que coloque em risco a atividade empresarial?

[55] Conforme: BRASIL. Superior Tribunal de Justiça. Recurso Especial n. 1.129.222, relatora Nacy Andrighi, da 3ª Turma, DF, 28 de junho de 2011. RT: jurisprudência do STJ. SOCIEDADE POR QUOTAS DE RESPONSABILIDADE LIMITADA – Dissolução parcial – Exclusão judicial de sócio pela quebra da affectio societatis – Inadmissibilidade – Ausência de comprovação de justa causa. v. 914, p. 573, 2011. Disponível em: <http://www.revistadostribunais.com.br/maf/app/resultList/document?&src=rl&srguid=i0ad6007a00000146 6896e36ce28d42b9&docguid=Ie876c1f018c011e19ef8000085592b66&hitg uid=Ie876c1f018c011e19ef8000085592b66&spos=1&epos=1&td=65&contex t=10&startChunk=1&endChunk=1>. Acesso em 04. jun. 2014. (paginação da versão eletrônica difere da versão impressa). passim.

Sabido que o regime jurídico da exclusão de sócio minoritário de sociedade empresária sofreu séria alteração em virtude do que contém o art. 1.085 do CC/2002 (LGL\2002\400), que não mais se contenta com a fórmula indeterminada do desaparecimento da *affectio societatis*, mas, ao contrário, exige a prática de ato do sócio de inegável gravidade, que coloque em risco a continuidade da empresa.

Dispõe o art. 1.085 do CC/2002 (LGL\2002\400): Ressalvado o disposto no art. 1.030, quando a maioria dos sócios, representativa de mais de metade do capital social, entender que um ou mais sócios estão pondo em risco a continuidade da empresa, em virtude de atos de inegável gravidade, poderá excluí-los da sociedade, mediante alteração do contrato social, desde que prevista nesta a exclusão por justa causa".

A exclusão do sócio, entendida como a sua expulsão da comunidade social, pode ocorrer por diversas causas e por variados modos.

Quanto às causas, pode a exclusão decorrer da incapacidade do sócio, da declaração de sua falência, da ausência de integralização da quota social e também pela prática de atos de inegável gravidade que coloquem em risco a atividade social, hipóteses contempladas, todas, no atual Código Civil (LGL\2002\400).

Quanto ao modo, ou forma de exclusão do sócio, pode dar-se de pleno direito, ou mediante deliberação em assembleia dos demais sócios, ou, ainda, por sentença judicial.

3. Evidente que a norma cogente do art. 1.085 do CC/2002 (LGL\2002\400), acima transcrita, não mais admite a previsão estatutária de exclusão imotivada do sócio, e nem judicial, se amparada na expressão indeterminada da ausência de *affectio societatis*, tal como admitia a jurisprudência no regime do velho Código Civil (LGL\2002\400).

O desaparecimento da *affectio societatis* constitui agora o efeito de ato objetivo e sério praticado pelo sócio excluído, de gravidade tal que coloque em risco a própria atividade empresarial.

No dizer de Alfredo de Assis Gonçalves Neto, a exclusão extrajudicial de sócio se encontra sujeita aos seguintes requisitos cumulativos: "(a) haja previsão contratual de exclusão por justa causa; (b) o sócio esteja pondo em risco a continuidade da empresa, em virtude de atos de inegável gravidade; (c) a sociedade tome a deliberação de excluí-lo por maioria absoluta do capital social" (*Direito de empresa*, São Paulo: Ed. RT, p. 406).

Parece claro que o ordenamento jurídico não compraz que o severo instituto da exclusão de sócio minoritário, regulado pelo art. 1.085 do CC/2002 (LGL\2002\400), sirva de pretexto para colocar fim a desavenças individuais ou discordâncias genéricas (Marcelo Fortes Barbosa Filho, *Comentários ao* Código Civil (LGL\2002\400), 6. ed., Barueri-SP:Manole, coord. Min. Cezar Peluso, p. 1070; também Erasmo Valladão Azevedo e Novaes França e Marcelo Vieira Von Adamek, *Affectio societatis*: um conceito jurídico superado no moderno direito societário pelo conceito de fim social, *Direito societário contemporâneo I*, São Paulo:Quartier Latin, p. 131 e ss.).

4. No caso concreto, a inicial, embora de modo pouco técnico se refira ao desaparecimento da *affectio societatis*, faz uma série de graves imputações ao comportamento da outra sócia, que, se provados, seriam suficientes para colocar em risco a atividade social.

Sucede que se descurou a autora de demonstrar a efetiva prática de aludidos atos graves, certamente acreditando na suficiência da fórmula genérica da ausência da *affectio societatis*.

[...] Diante do exposto, pelo meu voto, rejeito os embargos.

[...]DECLARAÇÃO DE VOTO VENCIDO 17.130

Ousei divergir da nova maioria, por entender que merecia acolhida a irresignação consubstanciada nos presentes infringentes, ressalvada a convicção em contrário das (antiga e nova) maiorias.

É que, a meu ver, o voto vencido bem obtemperou que a *affectio societatis* deve subsistir ao longo de toda a existência da pessoa jurídica, como ânimo continuativo em relação ao acordo de vontades inicial que levou à criação da sociedade e como expressão de fidelidade e confiança entre as partes.

A mera propositura desta demanda judicial já evidencia a completa ausência de qualquer requisito mínimo de confiança para que as partes possam continuar convivendo em sociedade, pois se rompeu o liame entre elas que outrora permitira o bom funcionamento da empresa. [...][56]

Como paralelo aos julgados supra, vemos julgado do Superior Tribunal de Justiça, que trata da mesma forma sobre a matéria *"affectio societatis"* e *"justa causa"*, agora em sede de **sociedade anônima**.

Vejamos:

SOCIEDADE ANÔNIMA – Dissolução parcial – Admissibilidade – Empresa de capital fechado em que prepondera a affectio societatis – Quebra da *bona fides societatis* que enseja justa causa para a exclusão de alguns sócios – Inteligência do art. 1.089 do CC/2002.
[...] 2. É bem de ver que a dissolução parcial e a exclusão de sócio são fenômenos diversos, cabendo destacar, no caso vertente, o seguinte aspecto: na primeira, pretende o sócio dissidente a sua retirada da sociedade, bastando-lhe a comprovação da quebra da *affectio societatis*; na segunda, a pretensão é de excluir outros sócios,

---

[56] Conforme: BRASIL. Tribunal de Justiça do Estado de São Paulo. EI 0025880-63.2010.8.26.0577/50000, da 6ª Câmara Civil de Direito Privado do Tribunal da Justiça do Estado de São Paulo, São Paulo, SP, 25 de outubro de 2012. **RT**: jurisprudência do TJSP, v. 928, p. 891, fev. 2013. Disponível em: <http://www.revistadostribunais.com.br/maf/app/resultList/document?&src=rl&srguid=i0ad6007a0000014668d45c76c2a4e6fb&docguid=Ie1e7d3e05fa711e2b721010000000000&hitguid=Ie1e7d3e05fa711e2b721010000000000&spos=1&epos=1&td=1&context=115&startChunk=1&endChunk=1> Acesso em 04. Jun. 2014.passim.

em decorrência de grave inadimplemento dos deveres essenciais, colocando em risco a continuidade da própria atividade social.

3. Em outras palavras, a exclusão é medida extrema que visa à eficiência da atividade empresarial, para o que se torna necessário expurgar o sócio que gera prejuízo ou a possibilidade de prejuízo grave ao exercício da empresa, sendo imprescindível a comprovação do justo motivo.

4. No caso em julgamento, a sentença, com ampla cognição fático-probatória, consignando a quebra da *bona fides societatis*, salientou uma série de fatos tendentes a ensejar a exclusão dos ora recorridos da companhia, porquanto configuradores da justa causa, tais como: (i) o recorrente Leon, conquanto reeleito pela assembleia geral para o cargo de diretor, não pode até agora nem exercê-lo nem conferir os livros e documentos sociais, em virtude de óbice imposto pelos recorridos; (ii) os recorridos, exercendo a diretoria de forma ilegítima, são os únicos a perceber rendimentos mensais, não distribuindo dividendos aos recorrentes.

5. Caracterizada a sociedade anônima como fechada e personalista, o que tem o condão de propiciar a sua dissolução parcial – fenômeno até recentemente vinculado às sociedades de pessoas –, é de se entender também pela possibilidade de aplicação das regras atinentes à exclusão de sócios das sociedades regidas pelo Código Civil, máxime diante da previsão contida no art. 1.089 do CC/2002: "A sociedade anônima rege-se por lei especial, aplicando-se-lhe, nos casos omissos, as disposições deste Código."[57]

---

[57] Conforme: BRASIL. Superior Tribunal de Justiça. Recurso Especial n. 917.531, relator Luis Felipe Salomão. SOCIEDADE ANÔNIMA – Dissolução parcial – Admissibilidade – Empresa de capital fechado em que prepondera a affectio societatis – Quebra da bona fides societatis que enseja justa causa para a exclusão de alguns sócios – Inteligência do art. 1.089 do CC/2002. – Direito de Retirada de Acionista – Limites. RT. 2012. Disponível em: <http://www.revistadostribunais.com.br/maf/app/resultList/document?src=docnav&ao=&fromrend=&srguid=i0ad6007a000001466896e36ce28d42b9&epos=2&spos=2

Há de concluir-se, portanto, pela imprescindível necessidade de comprovação da justa causa, para a exclusão de sócio na sociedade limitada, muito embora, no passado, encontremos julgados no Brasil que trazem outro entendimento, no sentido de que a inexistência da *affectio societatis* possibilita a exclusão de sócio, conforme:

SOCIEDADE POR COTAS DE RESPONSABILIDADE LIMITADA – Dissolução parcial – Admissibilidade – *Affectio societatis* não mais existente em relação a algum dos sócios – Possibilidade de sua exclusão.

Ementa Oficial:

A *affectio societatis*, elemento específico do contrato de sociedade comercial, caracteriza-se como uma vontade de união e aceitação das áleas comuns do negócio. Quando este elemento não mais existe em relação a algum dos sócios, causando a impossibilidade da consecução do fim social, plenamente possível a dissolução parcial, com fundamento no art. 336, I, do CCo, permitindo a continuação da sociedade com relação aos sócios remanescentes.

Ementa da Redação: O sócio que, sem motivos, se desajustar dos demais, comprometendo a realização dos fins sociais, não deve ser levado ao sucesso de seus propósitos hostis com a extinção de toda a sociedade. A exclusão é a medida mais justa e eficaz.[58]

&page=0&td=65&savedSearch=&searchFrom=&context=10>. Acesso em 04. Jun. 2014. (conteúdo exclusivo WEB). passim.
[58] BRASIL. Superior Tribunal de Justiça. Agravo Regimental no Agravo de Instrumento n. 90.995, relator Cláudio Santos, da 3ª Turma, DF, 15 de abril de 1996. SOCIEDADE POR COTAS DE RESPONSABILIDADE LIMITADA – Dissolução parcial – Admissibilidade – Affectio societatis não mais existente em relação a algum dos sócios – Possibilidade de sua exclusão. RT. Distrito Federal, v.730, p. 196, 1996. Disponível em:
<http://www.revistadostribunais.com.br/maf/app/resultList/document?src =docnav&ao=&fromrend=&srguid=i0ad6007a000001466896e36ce28d42 b9&epos=6&spos=6&page=0&td=65&savedSearch=&searchFrom=&cont

5.2. Requisitos para Exclusão Judicial e para Exclusão Extrajudicial de Sócios, Conforme os Artigos de Lei Nº 1030 E Nº 1085 do Código Civil, e Posição dos Doutrinadores

Muito embora com ligeira ressalva, também Carlos Fulgêncio da Cunha Peixoto declara não lhe parecer 'inadmissível, à luz dos princípios gerais de direito, a cláusula que sujeita a exclusão de um sócio ao arbítrio dos demais.

O instituto da exclusão de sócios existe em razão da sociedade e não em benefício daqueles. A sociedade mercantil deve existir em caráter permanente, pouco importando a mudança de seus elementos componentes, de forma que se deve afastar tudo que for capaz de lhe tolher o funcionamento. Por isto mesmo, se não é possível permitir o arbítrio de um ou mais sócios, a fim de não transformar em benefício pessoal o que só deve existir em função da sociedade, não é aceitável também a opinião daqueles que exigem, para exclusão do sócio, se especifiquem, no contrato, os casos em que a sociedade pode lançar mão desta faculdade, pois tal solução não se coadunaria com os interesses sociais, uma vez que seria muito difícil, no seu início, prever todas as hipóteses de incompatibilidade entre os sócios" (*A Sociedade por Cotas de Responsabilidade Limitada*, 2ª ed., Rio, 1958, págs. 277 e segs.).

4. Manifestando-me sobre o assunto, em 1944, na qualidade de membro do "Conselho Administrativo do Estado" – a propósito de recurso interposto contra ato do Interventor Federal, que ordenara à Junta Comercial que registrasse um contrato sem a assinatura de um sócio, excluído pelos demais –, sustentei serem necessários, em tal caso, dois requisitos concomitantes para despedida de um sócio: a) justa causa; b) cláusula expressa no contrato (cf. meu Parecer inserto na *Rev. dos Tribunais*, vol. 150, pág. 459; e em meu Livro *Nos Quadrantes do Direito Positivo*, São Paulo, págs. 279 e segs.).

ext=10>. Acesso em 04. Jun. 2014. (paginação da versão eletrônica difere da versão impressa). p. 1.

Cabe, todavia, advertir que essa minha opinião foi expendida tendo em vista o procedimento administrativo do registro contratual pelas Juntas Comerciais, e não o caso diverso de *exclusão de sócio pleiteada originariamente em Juízo*, sobretudo depois que a Constituição de 1946, em seu art. 141, § 4º, consagrou o princípio fundamental de que:

'A lei não poderá excluir da apreciação do Poder Judiciário qualquer lesão de direito individual'.

O mesmo princípio é repetido, com as mesmas palavras, no art. 153, § 4º, da Constituição de 1969. [59]

Destaca o Prof. Leonardo Guimarães a pouca precisão do legislador ao utilizar-se, neste artigo, da expressão 'falta grave no cumprimento de suas obrigações", mormente quando analisamos tal previsão sob a luz do artigo 1085 do mesmo diploma legal, que autoriza a resolução da sociedade, extrajudicialmente, em relação aos sócios que "estão pondo em risco a continuidade da empresa, em virtude de atos de inegável gravidade'.

A dúvida é: como divisar a dicotomia entre falta grave e risco à sociedade? E esta é uma dúvida de extrema relevância, haja vista que, se os sócios cometeram falta grave, somente poderão ser excluídos da sociedade judicialmente; cometendo ato atentatório à existência da sociedade, estão sujeitos à exclusão extrajudicial.

Não há, a princípio, resposta a esta questão, razão pela qual afigura-se mais prudente – e a prudência deve pautar os atos jurídicos – a qualificação de um ato indevido praticado pelo sócio como sendo, genericamente, falta grave. Somente em casos, efetivamente,

---

[59] REALE, Miguel. Pareceres exclusão de sócio das sociedades comerciais. **Revista de Direito Bancário e do Mercado de Capitais**, v. 55, p. 1-6, jan. 2012. Disponível em: <http://www.revistadostribunais.com.br/maf/app/resultList/document?&src=rl&srguid=i0ad8181600000146641db073f2a7e9b5&docguid=Ic6f004c089da11e1911400008517971a&hitguid=Ic6f004c089da11e191140000851797la&spos=8&epos=8&td=10&context=29&startChunk=1&endChunk=1>. Acesso em: 03 jun. 2014. (paginação da versão eletrônica difere da versão impressa) p. 2-3.

incontestes, deve-se protegendo-se, assim, o quotista minoritário de atitudes abusivas possivelmente perpetradas pelo majoritário.[60] *Preliminarmente, cumpre esclarecer que ato de inegável gravidade nada mais é do que justa causa.* Uma leitura atenciosa do dispositivo legal não deixa dúvidas com relação a isso, uma vez que o artigo inicia informando que atos de inegável gravidade são motivos para a exclusão do sócio, mas desde que este esteja previsto, no contrato social, a justa causa. Assim, se é exigido que no contrato societário conste a justa causa do fato gerador da exclusão, é porque atos de inegável gravidade consistem, na verdade, em justa causa. Outra não é a opinião de MODESTO CARVALHOSA, ao afirmar que "porém, há que esclarecer que o significado dessa expressão, corresponde a justa causa do ato unilateral da exclusão.[61]

MODESTO CARVALHOSA, perpetra duras críticas ao artigo 1.085 do CC/2002. Na sua opinião, 'salta à vista no dispositivo ora estudado o evidente retrocesso em matéria de exclusão de sócio, quando comparado à evolução da jurisprudência e da doutrina sobre a matéria'. E conclui lembrando que 'a doutrina e a jurisprudência desenvolveram o entendimento de que a exclusão extrajudicial de sócio dar-se-ia independentemente da existência de previsão contratual, e desde que constatada a *justa causa*, consistente na desarmonia que acarretasse a quebra ou o desaparecimento da *affecio societatis*'.[62]

---

[60] Conforme: RODRIGUES, Frederico Viana. Direito de Empresa no Novo Código Civil – Rio de Janeiro: Forense. P. 305 GUIMARÃES, Leonardo. Exclusão de sócio em sociedade limitada no novo Código Civil. In: RODRIGUES, Frederico Viana. **Direito de Empresa no Novo Código Civil.** Rio de Janeiro: Forense, 2004. p. 291-310.
[61] BERALDO, Leonardo de Faria. **Direito societário na atualidade:** aspectos polêmicos. Belo Horizonte: Del Rey, 2007. p. 214.
[62] BERALDO, Leonardo de Faria. **Direito societário na atualidade:** aspectos polêmicos. Belo Horizonte: Del Rey, 2007. p. 216.

5.3. Proporcionalidade e Igualdade de Tratamento

O princípio da proporcionalidade, de acordo com o uso corrente, objetiva inibir e neutralizar o abuso do poder, exigindo, no nosso caso, que a exclusão seja remédio compatível com a falta cometida (i.e., que a medida não seja excessiva).[63]

E '*falta grave* é [...] apenas aquela que objetivamente tenha essa agudeza (de 'inegável gravidade'), e não a que, discricionária ou arbitrariamente, assim a pretenda qualificar a maioria.'[64]

[...] em sendo a exclusão de sócio por falta grave na sociedade limitada (bem como nas outras espécies societárias, logicamente) a última medida a ser tomada, tem-se que cede espaço para outros mecanismos mais brandos que, objetivamente, consigam extirpar o problema do seio da sociedade de modo efetivo (como e.g., a suspensão do direito de voto ou a destituição do cargo de administrador: a grande questão é que cada medida deve ser analisada de acordo com as circunstâncias do caso concreto a fim de que se verifique qual a melhor forma para lidar com o descumprimento de um dever por parte do sócio); nesse sentido, meios mais suaves possuem primazia sobre a exclusão para a solução de eventual controvérsia.[65]

Ainda, é importante referir que a caracterização da falta grave independe da concorrência de mais de uma falta: é suficiente o cometimento de uma falta considerada grave para que o sócio seja excluído.[...] De qualquer forma, até pode ocorrer que determinada falta não seja considerada grave o suficiente para ensejar a exclusão; todavia, a prática de uma série de pequenas faltas pode fazer com que seja necessária a tomada da medida extrema:

---

[63] SPINELLI, Luis Felipe. Proporcionalidade e Igualdade de Tratamento na Exclusão de Sócio por Falta Grave na Sociedade Limitada. **Revista Jurídica**, Brasil, Ano 62, n. 444, p. 79-100, out. 2014. p. 81.
[64] Ibidem, p.85.
[65] Ibidem, p.86.

o conjunto de atos é grave o suficiente para justificar a exclusão do sócio.[66]

O desrespeito ao princípio da proporcionalidade faz com que seja anulável a deliberação assemblear, tendo em vista a ilicitude do ato (violação a direito individual de sócio) *in concreto*, sem esquecer eventual responsabilização, se pertinente.[67]

Quanto à igualdade de tratamento, no Brasil, sustenta-se que, no âmbito societário, tem origem no princípio constitucional da isonomia (Constituição Federal, art. 5º, *caput*), embora com ele não se confunda.

[...] 'No caso de exclusão de sócios, tem-se, em primeiro lugar, que, com a exclusão do membro faltoso pode restar resguardada a isonomia entre todos os sócios. Explica-se: a princípio, não é igualitário manter o sócio faltoso e os quotistas que cumprem os seus deveres na sociedade enquanto ela durar. "Caso contrário, o próprio princípio da isonomia seria lesado, dando-se ao sócio inadimplente um tratamento privilegiado, admitindo que ele possa prestar a colaboração devida.'

Contudo, não é justo e nem pode prosperar a exclusão da sociedade de um sócio, sob alegação de haver cometido falta grave, se conduta semelhante (ou até pior levando-se em conta condutas mais graves), cometida por outro sócio é aceita, tolerada ou incentivada no âmbito societário.[68]

---

[66] Ibidem, p.87.
[67] Ibidem, p.87.
[68] SPINELLI, Luis Felipe. Proporcionalidade e Igualdade de Tratamento na Exclusão de Sócio por Falta Grave na Sociedade Limitada. **Revista Jurídica**, Brasil, Ano 62, n. 444, p. 79-100, out. 2014. passim

Interessante comentar também que:

> Não se pode admitir que um sócio seja excluído quando a falta grave tenha origem em vários sócios, sendo que não se busca a exclusão de todos eles, salvo se a imputação da responsabilidade for preponderante a um quotista. E, igualmente, em uma sociedade com dois sócios (ou dividida em dois grupos) são responsáveis na mesma extensão pela falta grave ou se não se constata quem agiu de modo abusivo: aqui, a alternativa a ser adotada é a dissolução total, sendo a exclusão autorizada somente se os fatos ensejadores puderem ser imputados (de modo exclusivo ou preponderante) a um sócio.[69]

6. Conclusão

O ilustre Prof. Dr. Luis Felipe Spinelli, traz as sábias e experientes palavras de Miguel Reale:

> [...] 'todo início de sociedade é despreocupado e fácil como uma lua de mel. As incompreensões surgem depois, sobrevêm, às vezes, violentamente. No ato de contratar, poucos serão os sócios que atentam a certas particularidades do contrato social. A regra é a facilidade e a confiança mútua. As cláusulas, especialmente as cláusulas mais cheias de riscos, só adquirem significado com o decurso do tempo, à medida que a experiência pessoal lhes vai revelando o conteúdo.'[70]

Diante de todo o exposto neste estudo, conclui-se, por fim, ser um importante instrumento de proteção da sociedade limi-

---

[69] Conforme: SPINELLI, Luis Felipe. Proporcionalidade e Igualdade de Tratamento na Exclusão de Sócio por Falta Grave na Sociedade Limitada. **Revista Jurídica,** Brasil, Ano 62, n. 444, p. 79-100, out. 2014. passim.

[70] SPINELLI, Luis Felipe. **A exclusão de sócio por falta grave na sociedade limitada.** São Paulo: Quartier Latin, 2015. p. 576.

tada em seus momentos mais delicados a exclusão de sócio por justa causa. Não só às sociedades limitadas, diga-se de passagem. Até porque, necessário é respeitarmos o princípio da preservação da sociedade, devendo ocorrer, em *ultima ratio*, a exclusão de um sócio.

Principalmente aos minoritários, faz-se necessária a tutela de seu interesse em permanecer como sócio, devendo a *affectio societatis* vigorar como princípio basilar para a constituição (e manutenção sadia e vigorosa) de uma sociedade limitada, conforme dispõe o inciso XX, do artigo 5º da Constituição Federal: "ninguém poderá ser compelido a associar-se ou permanecer associado".

Como denota o Prof. Silvio de Salvo Venosa: 'não é qualquer ato que abale o *affectio societatis* que justifica o procedimento de exclusão.'[71]

Em princípio, a quebra da *affectio societatis* nunca deve ser considerada como a causa de exclusão de um sócio, mas como "consequência de algum evento que, este, sim, desde que figure falta grave, poderá, então legitimar a exclusão. E seguindo esta mesma linha de raciocínio, outros doutrinadores, como Modesto Carvalhosa, referem-se à quebra da *affectio societatis* como a consequência natural trazida pelo ato de inegável gravidade que pode ser considerado o fundamento para afastar compulsoriamente o quotista.

Este estudo mostrou preocupação, principalmente, para que, em hipótese alguma, a deturpação da exclusão de sócio por falta grave ocorra, evitando-se a exclusão de modo desleal ou utilizando-se de má-fé.

Assim, os pressupostos e requisitos presentes na lei, quais sejam, os artigos 1030 e 1085 do Código Civil/2002, devem ser observados.

.

---

[71] VENOSA, Silvio de Salvo. **Direito Civil** – Direito Empresarial. São Paulo: Atlas, 2010, p. 150.

Entretanto, além de coibir as exclusões realizadas sem a obediência aos ditames estabelecidos pelo ordenamento jurídico pátrio, é preciso coibir o uso disfuncional de outros mecanismos e institutos com o objetivo claro de afastar o sócio da sociedade limitada sem a existência de falta grave e/ou sem o respeito aos procedimentos previstos em lei, tais como:

(i) O ingresso de um novo sócio é condicionado à assinatura de uma opção de compra *(call)* a outro(s) sócio(s): assim, quando não mais se quer o sócio, pode-se facilmente afastá-lo da sociedade por meio do exercício de tal opção (o que fica muito mais evidente quando a opção pode ser exercida por um longo período de tempo, sendo que, muitas vezes, ela é contratada com um preço fixo e sem qualquer relação com a real situação patrimonial-econômico-financeira da sociedade, em evidente prejuízo de quem acaba tendo a obrigação de entregar as quotas);

(ii) a utilização de procurações (sendo que é possível aliá-las ao uso de opção de compra de quotas) com o precípuo objetivo de viabilizar a exclusão do mandante: o sócio ingressante na sociedade outorga uma procuração para algum(-ns) sócio(s) com poderes para realizar todos os atos societários relevantes, inclusive a compra e venda de quotas (e tal situação fica muito mais patente quando a procuração é dada a prazo indeterminado ou por um prazo longo);

(iii) a realização de operação de incorporação ou fusão de modo abusivo e com o objetivo de excluir determinado sócio, o que pode se dar quando o número de quotas antigas (da sociedade incorporada ou fundida) não for suficiente para a troca por nova quota ou ação, ocorrendo, então, a exclusão de sócio (isso, é claro, se inexistir previsão de solução para o arredondamento da posição de antigas quotas);

(iv) a deliberação abusiva de dissolução total da sociedade, com o objetivo de afastar sócios minoritários, retomando os controladores, que tiveram o domínio sobre o processo liquidatório de modo a assegurar a destinação (do estabelecimento produtivo a eles e o pagamento da minoria em dinheiro, a exploração da atividade objeto da sociedade dissolvida por meio de outro ente social;

(v) a operação de saneamento financeiro *(coup d'accordéon)* da sociedade realizada de modo abusivo e com o objetivo de excluir o sócio – e não de sanear financeiramente a sociedade –: tal operação consiste na redução do capital social para que absorva as perdas irreparáveis (CC, art. 1.082; I, LSA, art. Art. 173) (podendo-se fazer a redução do capital a zero – "azeramento"), com o seu simultâneo aumento, por meio do aporte de novos recursos (normalmente subscrição em dinheiro) pelos antigos sócios ou, então, com a admissão de novo investidor; mas, é claro, em não aportando novos recursos (não exercendo o direito de preferência quando do aumento do capital social), os sócios podem restar excluídos da sociedade;

(vi) e, entre outras práticas, lembramos, por fim, a opressão aos minoritários com a finalidade de que se retirem ou vendam suas participações (a preços, obviamente, nem sempre justos). [72]

Verificamos, assim, que a disciplina é repleta de controvérsias, na doutrina e jurisprudência, e muitas vezes não tratada com a devida profundidade e atenção. Neste sentido, fazemos crítica, uma vez mais, ao Código Civil em não ter regrado adequadamente a matéria, postergando a solução de litígios e fomentando a sua multiplicação. O silêncio do legislador, contudo não justifica a adoção de procedimentos prejudiciais às sociedades por parte de seus sócios, devendo-se comprovar a justa causa, na acepção mais pura e justa da palavra.

Trazemos novamente os ensinamentos do Prof. Dr. Luis Felipe Spinelli,

---

[72] SPINELLI, Luis Felipe. **A exclusão de sócio por falta grave na sociedade limitada.** São Paulo: Quartier Latin, 2015. p. 578-580.

Neste sentido, os princípios da proporcionalidade e da igualdade de tratamento são relevantes instrumentos de proteção dos sócios, na medida em que coíbem a exclusão imotivada ou calcada em motivos fúteis, bem como impedem a exclusão com base discriminatória.[73]

Esperamos, assim, com este estudo, ter contribuído para o estudo e desenvolvimento da matéria, traçando alguns parâmetros, e colocando limites, para a melhor compreensão da disciplina da justa causa para a exclusão de sócios nas sociedades limitadas, especialmente mecanismos de defesa dos quotistas.

Referências

ADAMEK, Marcelo Vieira von. Anotações sobre a exclusão de sócios por falta grave no regime do Código Civil. In: ADAMEK, Marcelo Vieira von. **Temas de direito societário e empresarial contemporâneos.** São Paulo: Malheiros, 2011. p. 185-215.

ADAMEK, Marcelo Vieira von (coord.). **Temas de direito societário e empresarial contemporâneos.** São Paulo: Malheiros, 2011. 964 p.

BERALDO, Leonardo de Faria. Da exclusão de sócio nas sociedades limitadas. In: BERALDO, Leonardo de Faria. **Direito societário na atualidade**: aspectos polêmicos. Belo Horizonte: Del Rey, 2007. p. 181-231.

BERALDO, Leonardo de Faria. **Direito societário na atualidade**: aspectos polêmicos. Belo Horizonte: Del Rey, 2007. 472 p.

CARVALHOSA, Modesto; DE AZEVEDO, Antonio Junqueira. **Comentários ao Código Civil**: parte especial do direito de empresa, v. 13. São Paulo, Saraiva, 2003. 838 p.

CASQUET, Andréia Cristina Bezerra. **Alienação de Controle de Companhias Fechadas.** São Paulo, Quartier Latin, 2015. 321 p.

CRISTIANO, Romano. **Sociedades limitadas de acordo com o Código Civil.** São Paulo: Malheiros, 2008. 510 p.

FILHO, Celso Barbi. **Dissolução Parcial de Sociedades Limitadas.** Belo Horizonte: Mandamentos, 2004. 541 p.

---

[73] SPINELLI, Luis Felipe. Proporcionalidade e Igualdade de Tratamento na Exclusão de Sócio por Falta Grave na Sociedade Limitada. **Revista Jurídica**, Brasil, Ano 62, n. 444, p. 79-100, out. 2014. passim.

FINKELSTEIN, Maria Eugênia. Exclusão de sócio por justa causa: necessidade de assembleia específica. **Revista dos Tribunais**, v. 920, p. 1-10, jun. 2012. Disponível em: < http://www.revistadostribunais.com.br/maf/app/latestupdates/document?&src=rl&srguid=i0ad818150000014663f6359affcac270&docguid=Ieb141450b12a11e1907400008517971a&hitg uid=Ieb141450b12a11e1907400008517971a&spos=21&epos=21&td=70 &context=16&startChunk=1&endChunk=1>. Acesso em: 03 jun. 2014. (paginação da versão eletrônica difere da versão impressa).

FONSECA, Priscila M.P. Corrêa; SZTAJN, Rachel. **Código civil comentado**: Direito de empresa, artigos 887-926 e 966-1195. Colaboração de Eliseu Martins. Coordenador Álvaro Villaça Azevedo. São Paulo: Atlas, 2008. p. 352.

FONSECA, Priscila M.P. Corrêa. **Dissolução Parcial, Retirada e Exclusão de Sócio**. 4.ed.. São Paulo: Atlas, 2007. 264 p.

GUIMARÃES, Leonardo. Exclusão de sócio em sociedade limitada no novo Código Civil. In: RODRIGUES, Frederico Viana. **Direito de Empresa no Novo Código Civil**. Rio de Janeiro: Forense, 2004. p. 291-310.

KUYVEN, Luiz Fernando Martins. **Temas essenciais de direito empresarial**: estudos em homenagem a Modesto Carvalhosa/Luiz Fernando Martins Kuyven. São Paulo: Saraiva, 2012. 1095 p.

LUCENA, José Waldecy. **Das sociedades limitadas**. 6 ed. Rio de Janeiro: Renovar, 2005. 1142 p.

MARQUES, Evy Cynthia. Direito de retirada de sócio de sociedade simples/civil e sociedade limitada no direito comparado e no Brasil. In: FRANÇA, Erasmo Valladão Azevedo e Novaes. **Direito Societário Contemporâneo I**. São Paulo: Quartier Latin, 2009. p. 237-260.

NEGRÃO, Ricardo. **Manual de direito comercial e de empresa**, v. 1, 10. ed. São Paulo: Saraiva, 2013. 576 p.

REALE, Miguel. Pareceres exclusão de sócio das sociedades comerciais. **Revista de Direito Bancário e do Mercado de Capitais**, v. 55, p. 1-6, jan. 2012. Disponível em: <http://www.revistadostribunais.com.br/maf/app/resultList/document?&src=rl&srguid=i0ad8181600000146641db0 73f2a7e9b5&docguid=Ic6f004c089da11e1911400008517971a&hitguid =Ic6f004c089da11e1911400008517971a&spos=8&epos=8&td=10&con text=29&startChunk=1&endChunk=1>. Acesso em: 03 jun. 2014. (paginação da versão eletrônica difere da versão impressa).

RESTIFFE, Paulo Sérgio. **Dissolução de sociedades**. São Paulo: Saraiva, 2011. 449 p.

RIZZARDO, Arnaldo. **Direito de empresa:** Lei nº 10.406, de 10.01.2002. Rio de Janeiro: Forense, 2007. 1162 p.

RODRIGUES, Frederico Viana. **Direito de Empresa no Novo Código Civil.** Rio de Janeiro: Forense, 2004. 581 p.

ROSSONI, Igor Bimbowski. O procedimento de dissolução parcial de sociedade no PL 166/2010 (Novo Código de Processo Civil). In: YARSHELL, Flávio Luiz; PEREIRA, Guilherme Setoguti J. (coord.). **Processo societário.** São Paulo: Quartier Latin, 2012. p 333-349.

ROVAI, Armando Luiz. A caracterização da justa causa na exclusão de sócio na sociedade empresária do tipo limitada (aplicação do art. 1.085 do NCC). **Revista da Escola Paulista de Magistratura.** v. 7, n. 1. p. 32, 2006.

SIMIONATO, Frederico A. Monte. **Tratado de direito societário,** v. I. Rio de Janeiro: Forense, 2009. 798 p.

SPINELLI, Luis Felipe. **Exclusão de sócio por falta grave na Sociedade Limitada.** São Paulo, Quartier Latin, 2015. 617 p.

SPINELLI, Luis Felipe. Proporcionalidade e Igualdade de Tratamento na Exclusão de Sócio por Falta Grave na Sociedade Limitada. **Revista Jurídica,** Brasil, Ano 62, n. 444, p. 79-100, out. 2014.

TELLES, José Araldo da Costa. **Alternativas processuais para os conflitos de interesses em sociedades limitadas familiares.** In: YARSHELL, Flávio Luiz; PEREIRA, Guilherme Setoguti J. (coord.). **Processo societário.** São Paulo: Quartier Latin, 2012. p. 383-401.

TOMAZETTE, Marlon. **Curso de direito empresarial: teoria e direito societário,** volume 1. 2. ed. São Paulo: Atlas, 2009. 376 p.

TONUSSI, Erico Lopes. Exclusão de sócio por justa causa nas sociedades limitadas – aspectos controversos. **Revista do Instituto dos Advogados de São Paulo,** v. 32, p. 1-14, jul. 2013. Disponível em: <http://www.revistadostribunais.com.br/maf/app/resultList/document?&src=rl&srguid=i0ad818 16000001466421af2e845ed9f6&docguid=I36af3690694111e391700100 00000000&hitguid=I36af3690694111e3917001000000000&spos=5& epos=5&td=7&context=38&startChunk=1&endChunk=1>. Acesso em: 03 jun. 2014. (paginação da versão eletrônica difere da versão impressa).

VENOSA, Silvio de Salvo, (organizador). **Novo Código Civil:** texto comparado: código civil de 2002, código civil de 1916. 4. ed. São Paulo: Atlas, 2004. 928 p.

WALD, Arnoldo. **Comentários ao novo Código Civil,** v. XIV. Rio de Janeiro: Forense, 2005. p. 1195.

WALD, Arnoldo, (organizador). **Direito empresarial:** direito societário, v. 2. São Paulo: Revista dos Tribunais, 2011. 1082 p.

Legislação e Jurisprudência

BRASIL. Superior Tribunal de Justiça. Recurso Especial n. 1.129.222, relatora Nacy Andrighi, da 3ª Turma, DF, 28 de junho de 2011. **RT**: jurisprudência do STJ. SOCIEDADE POR QUOTAS DE RESPONSABILIDADE LIMITADA – Dissolução parcial – Exclusão judicial de sócio pela quebra da affectio societatis – Inadmissibilidade – Ausência de comprovação de justa causa. v. 914, p. 573, 2011. Disponível em: <http://www.revistadostribunais.com.br/maf/app/resultList/document?&src=rl&srguid=i0ad6007a000001466896e36ce28d42b9&docguid=Ie876c1f018c011e19ef8000085592b66&hitguid=Ie876c1f018c011e19ef8000085592b66&spos=1&epos=1&td=65&context=10&startChunk=1&endChunk=1>. Acesso em 04. jun. 2014. (paginação da versão eletrônica difere da versão impressa).

BRASIL. Superior Tribunal de Justiça. Recurso Especial n. 917.531, relator Luis Felipe Salomão. SOCIEDADE ANÔNIMA – Dissolução parcial – Admissibilidade – Empresa de capital fechado em que prepondera a affectio societatis – Quebra da bona fides societatis que enseja justa causa para a exclusão de alguns sócios – Inteligência do art. 1.089 do CC/2002. – Direito de Retirada de Acionista – Limites. **RT**. 2012. Disponível em: <http://www.revistadostribunais.com.br/maf/app/resultList/document?src=docnav&ao=&fromrend=&srguid=i0ad6007a000001466896e36ce28d42b9&epos=2&spos=2&page=0&td=65&savedSearch=&searchFrom=&context=10>. Acesso em 04. Jun. 2014. (conteúdo exclusivo WEB).

BRASIL. Superior Tribunal de Justiça. Agravo Regimental no Agravo de Instrumento n. 90.995, relator Cláudio Santos, da 3ª Turma, DF, 15 de abril de 1996. SOCIEDADE POR COTAS DE RESPONSABILIDADE LIMITADA – Dissolução parcial – Admissibilidade – Affectio societatis não mais existente em relação a algum dos sócios – Possibilidade de sua exclusão. **RT**. Distrito Federal, v.730, p. 196, 1996. Disponível em: <http://www.revistadostribunais.com.br/maf/app/resultList/document?src=docnav&ao=&fromrend=&srguid=i0ad6007a000001466896e36ce28d42b9&epos=6&spos=6&page=0&td=65&savedSearch=&searchFrom=&context=10>. Acesso em 04. Jun. 2014. (paginação da versão eletrônica difere da versão impressa).

BRASIL. Tribunal de Justiça do Estado de São Paulo. Agravo de Instrumento 115.133-4/5, da 4º Câmara do Tribunal de Justiça do Estado de São Paulo, São Paulo, SP, São Paulo, relator Fonseca Tavares, 24 de junho de 1999. SOCIEDADE CIVIL – Exclusão de sócio por deliberação da maioria em virtude da desarmonia na sociedade – Possibilidade, independentemente de norma legal expressa, previsão contratual ou pronunciamento judicial – Impossibilidade, no entanto, de que remanesça qualquer prejuízo para o excluído, relativamente ao seu afastamento, razão pela qual faz jus a que os haveres sejam atualizados pelo valor monetário. **RT**, v. 768, p. 213, 1999. Disponível em: <http://www.revistadostribunais.com.br/maf/app/resultList/document?&src=rl&srguid=i0ad6007a0000014668c580 5037c9e2a4&docguid=I5d316f10e03a11df92fe010000000000&hitguid =I5d316f10e03a11df92fe010000000000&spos=1&epos=1&td=9&conte xt=105&startChunk=1&endChunk=1>. Acesso em 04 de junho de 2014.

BRASIL. Tribunal de Justiça do Estado de São Paulo. Mandado de segurança 231.990-2/4, da 13º Câmara Civil do Tribunal de Justiça do Estado de São Paulo, relator José Adriano Marrey Neto, São Paulo, 01 de fevereiro de 1994. **RT**. SOCIEDADE POR COTAS DE RESPONSABILIDADE LIMITADA – Exclusão de sócio por deliberação unilateral da maioria do capital – Impetração de mandado de segurança sob alegação de violação do art. 5º, LIV da CF e dos princípios do contraditório e da ampla defesa – Inocorrência – Hipótese em que a matéria foi composta mediante balanço especial no momento de sua exclusão e com justa causa invocada para tanto – Ordem denegada. MANDADO DE SEGURANÇA – Impetração sem exaurimento da via administrativa – Cabimento – Inadmissibilidade nos casos de utilização do recurso administrativo com efeito suspensivo e do writ, pois, com a interposição daquele o ato deixa de ser operante e exeqüível – Impossibilidade de se considerar prejudicada a impetração em virtude da garantia constitucional prevista no art. 5º, XXXV, da CF. SOCIEDADE POR COTAS DE RESPONSABILIDADE LIMITADA – Exclusão de sócio por deliberação unilateral da maioria do capital – Medida extrema justificada ante o desaparecimento da "affectio societatis" – Registro da alteração social independentemente da assinatura do sócio excluído – Ilegalidade inexistente – Inteligência dos arts. 1.364 do CC, 7º e 15 do Dec.-lei 3.708/19 e 339 do CCom. – Mandado de segurança denegado. v. 705, p. 117, 1994. Disponível em: <http://www.revistadostribunais.com.br/maf/app/resultList/document?src=docna v&ao=&fromrend=&srguid=i0ad6007a0000014668c5805037c9e2a4 &epos=2&spos=2&page=0&td=9&savedSearch=&searchFrom=&co ntext=105>. Acesso em 04. jun. 2014. (paginação da versão eletrônica difere da versão impressa).

BRASIL. Tribunal de Justiça do Estado de São Paulo. EI 0025880-63.2010.8.26.0577/50000, da 6ª Câmara Civil de Direito Privado do Tribunal da Justiça do Estado de São Paulo, São Paulo, SP, 25 de outubro de 2012. **RT**: jurisprudência do TJSP, v. 928, p. 891, fev. 2013. Disponível em:

<http://www.revistadostribunais.com.br/maf/app/resultList/document?&src=rl&srguid=i0ad6007a0000014668d45c76c2a4e6fb&docguid=Ie1e7d3e05fa711e2b721010000000000&hitguid=Ie1e7d3e05fa711e2b721010000000000&spos=1&epos=1&td=1&context=115&startChunk=1&endChunk=1> Acesso em 04. Jun. 2014.

BRASIL. Lei nº 10.406, de 10 de janeiro de 2002. Código Civil. **In: Vade Mecum Saraiva**. Obra coletiva de autoria da Editora Saraiva com colaboração de Luiz Roberto Curia, Livia Céspedes e Juliana Nicoletti. 18 ed. São Paulo: Saraiva, 2014. p. 218.

ESPANHA. Lei nº 2, de 23 de março de 1995, **Lei das Sociedades Limitadas**. art. 98. Disponível em: >http://www.sociedadeslimitadas.com/VersIngles/pg_capitulos.php?idx=cap9<. Acesso em: 22 jun. 2015.

PORTUGAL. Decreto Lei nº 262/86, 02 de setembro de 1986. **Código das Sociedades Comerciais**, art. 242, 1. Disponível em: >http://www.pgdlisboa.pt/leis/lei_mostra_articulado.php?artigo_id=524A0242&nid=524&tabela=leis&pagina=1&ficha=1&so_miolo=&nversao=#artigo<. Acesso em: 23 jun. 2015.

Cláusulas de Indenização e Resolução Contratual em Operações de Fusão e Aquisição: Necessidade ou Mera Reprodução do Modelo Anglo-Saxão?

MARCELO SHIMA LUIZE[1]

1. Introdução

O tema em estudo se contextualiza no momento pós-abertura e modernização da economia brasileira, em que se observa número crescente de medidas de crescimento externo ou compartilhado de empresas por meio da combinação de negócios e de reorganizações societárias. As várias maneiras de se estruturar a combinação de empresas são comumente chamadas de Fusões e Aquisições ou, simplesmente, F&A.[2]

---

[1] Bacharel em direito pela Faculdade de Direito da Universidade de São Paulo (FD-USP) (2011). Cursou *Zertifikat* na Faculdade de Direito de Munique (*Ludwig-Maximilians-Universität München*) (2010) e LL.M. em Direito Societário no Insper – Instituto de Ensino e Pesquisa (2015). É associado do Veirano Advogados na área de Societário & Fusões e Aquisições.

[2] Trata-se de expressão advinda da tradução literal do termo em inglês *Mergers and Acquisitions* ou *M&A*. Para um panorama da discussão acerca da tradução mais acurada da expressão, *vide* BOTREL, Sergio. Fusões & aquisições. 2ª edição. São Paulo: Saraiva: 2013, p. 21/22; e MUNIZ, Ian de Porto Alegre. Fusões e Aquisições: Aspectos Fiscais e Societários. 2ª edição. São Paulo: Quartier Latin, 2011. Neste estudo, adotaremos a expressão F&A para se referir a operações não só de compra de ativos empresariais e participações societárias e à união de duas ou mais sociedades, mas também a toda medida de combinação de negócios, refletida em formas crescimento externo ou compartilhado de empresas.

Quando se discute e se trabalha com operações de F&A, é necessário encará-las como o resultado de um processo complexo cujos elementos são praticamente todos negociáveis.[3] A *complexidade* se deve às várias nuances das múltiplas matérias envolvidas no processo, conferindo alto grau de interdisciplinaridade às operações. Já a *flexibilidade* decorre da inexistência de procedimento específico, cogente, para operações de F&A, permitindo às partes estruturá-las de formas que melhor lhes aprouver, sendo observadas, minimamente, as regras relativas a negócios jurídicos em geral, obrigações, formação dos contratos e às regras gerais aplicáveis a contratos. Não há no Brasil uma legislação especificamente[4] aplicável a operações de F&A, se consideradas genericamente.

Apesar da falta de regulamentação específica,[5] é possível observar certo padrão de estruturas de operações no mercado

---

[3] Cf. BOTREL, Sergio. *Fusões & aquisições*. 2ª edição. São Paulo: Saraiva: 2013, p. 46.

[4] Há, no entanto, regras esparsas na legislação brasileira com relação a temas específicos, bem como leis aplicáveis a aspectos ou fases específicas de operações de F&A. P.ex., operações relativas à aquisição de controle de companhia aberta envolvem não só a regulamentação constante da Lei nº 10.406, de 10 de janeiro de 2002 (Código Civil), relativa a direto das obrigações e direito dos contratos, mas também a Lei nº 6.404, de 15 de dezembro de 1976 (Lei das Sociedades por Ações) e regulamentação da Comissão de Valores Mobiliários (CVM), para questões societárias e regulatórias. É também possível que o fechamento de determinado negócio esteja condicionado à aprovação de entes estatais, como o Conselho Administrativo de Defesa Econômica (CADE), Banco Central do Brasil, Superintendência de Seguros Privados (SUSEP), dentre outros, dependendo, no mais das vezes, do tipo de atividade desenvolvida pela companhia cujo controle acionário é objeto da negociação e/ou do nível de concentração do mercado em que atua. Isso corrobora para a noção de que advogados envolvidos em F&A são constantemente demandados a fazer análises multidisciplinares relacionadas a várias áreas do direito.

[5] Inobstante a constatação da falta de regulamentação sobre operações de F&A, há autores que defendem certa "unicidade formal" em procedimentos dessa natureza, legitimada por considerável consenso a respeito das fases ou

brasileiro de F&A, em razão do grau de maturidade atingido pelos profissionais e *players* dessa indústria. A padronização seguiu tendência mundial capitaneada por países de tradição jurídica de *Common Law* – especialmente, pela Inglaterra e pelos Estados Unidos da América -, cujo capitalismo motivou operações envolvendo mais de uma jurisdição.[6]

Uma operação de F&A é normalmente composta por várias fases, desde a aproximação entre as partes, troca preliminar de informações e assinatura de documentos iniciais, passando pela auditoria (*due diligence*), até o fechamento da transação. Paralelamente ao processo de auditoria ou tão logo ele é finalizado, as partes negociam o instrumento (aqui denominado Contrato de Aquisição) que estabelece os termos e as condições do negócio.[7]

No contexto da estandardização das operações de F&A, frequentemente se observa a utilização de Contratos de Aquisição inspirados ou preparados com base nos sistemas de *Common Law*, muito embora a lei aplicável para sua interpretação, aplicação e resolução de controvérsias seja a brasileira. Ou seja, é crescente o uso de minutas de Contratos de Aquisição padrão elaboradas com estrutura e linguagem próprias dos sistemas inglês e americano, muitas vezes sem que as diferenças entre as particularidades de cada sistema sejam observadas. Uma das ferramentas importadas e usualmente empregadas nos Contra-

documentos considerados "essenciais" na operação. Conforme se verificará ao longo desse trabalho, de certa forma nos filiamos ao entendimento desses autores, principalmente se considerados pressupostos de boa-fé e de proteção da confiança entre as partes quando da negociação de operações de F&A. Nesse sentido, *vide* PONTES, Evandro de. Representantions & warranties no direito brasileiro. 1ª edição – São Paulo: Almedina, 2014, p. 31/35.

[6] Cf. POTENZA, Guilherme Peres. Fusões e aquisições: o instrumento de aquisição de empresas do setor sucroalcooleiro: uma visão do comprador estrangeiro. São Paulo: Almedina, 2013, p. 19.

[7] Cf. BOTREL, Sergio (2013), 250/290.

tos de Aquisição são as cláusulas de indenização e de resolução ou rescisão (*termination*) contratual.[8]

As proteções indenizatória e resolutória são basicamente estruturadas com base em declarações e garantias (*representations and warranties*) dos vendedores acerca do objeto da negociação, que, caso constatadas incorretas ou incompletas, geram o dever dos vendedores de indenizar os compradores ou a faculdade de resolução do negócio.

A questão que se coloca nesse contexto é em que medida a estrutura de indenização e de resolução contratual baseada em declarações e garantias é eficaz e, principalmente, se é útil à luz do sistema jurídico brasileiro. Seria de fato necessário estabelecer contratualmente o dever de indenizar em contratos de F&A, se há suporte para responsabilidade civil baseadas em outros institutos positivados no Código Civil?

Ao lermos a definição de ato ilícito e o correlato dever de indenizar constantes dos arts. 186 e 187, combinados com o art. 927, do Código Civil, somos talvez levados a afirmar que cláusulas de indenização padrão, tipicamente usadas em Contratos de Aquisição, têm suas vantagens e utilidade reduzidas.

Além disso, considerando a relevância da boa fé (em particular, da boa fé objetiva) para a definição de ato ilícito, é importante analisar de que forma esse instituto, positivado no art. 422 do Código Civil, pode ser capaz de auxiliar na delimitação do dever de indenizar em operações de F&A.[9] Seria possível basear

---

[8] Vale notar que, na prática, é raro observarmos o desfazimento de operações de F&A como um todo, mesmo que a contingência detectada pelos compradores após o fechamento da transação importe em prejuízo de monta relevante. Isso ocorre não apenas pela dificuldade em se restabelecer o *status quo ante* em operações como essas, mas principalmente porque não interessa aos compradores desperdiçar os custos de transação e a perspectiva de rentabilidade do negócio pretendido.

[9] Conforme constatam Sergio Bronstein e Guilherme Peres Potenza, em artigo sobre o tema, "[e]specialmente após o novo Código Civil, vigente a partir

a responsabilização por danos em operação de F&A na violação do princípio da boa-fé objetiva, mesmo quando não é possível pleitear indenização ou a resolução contratual com base no Contrato de Aquisição?

Além disso, vícios de consentimento ou defeitos ocultos de coisas (no sentido de *res*) objetos de contratos são especificamente abordados pelo Código Civil, em seus arts. 138, 145 e 441 e seguintes. Ora, tendo em conta que o tratamento da matéria no Brasil é positivado, vale questionar qual a vantagem de se incluir extensos mecanismos de indenização e resolução em Contratos de Aquisição, sendo que, em princípio, a proteção por passivos ocultos estaria coberta pela disciplina de vícios de consentimento e vícios redibitórios.

Apesar do interesse em sistematizar os mais variados aspectos relativos a processos de F&A, o foco do presente estudo é limitado.

Não se pretende exaurir temas relativos a operações de F&A, mas focar nos mecanismos de indenização e resolução *vis-à-vis* cláusulas de declarações e garantias. Ou seja, demais cláusulas de Contratos de Aquisição, tais como definições, *earn-out*, garantias, mecânica de indenização, eleição de foro, resolução de controvérsias, etc., não serão objeto de nossa análise. Além disso, esse estudo é focado em aspectos *jurídicos*, sem entrar no mérito de questões de ordem comercial, estratégica, contábil e financeira.

de 2002, o respeito ao princípio da boa-fé objetiva passou a ser lei para aqueles que negociam e celebram quaisquer tipos de contratos, inclusive instrumentos que formalizam operações de M&A. Por isso, é comum que contratos de compra e venda contenham cláusula que disponha que o acordo deverá ser interpretado conforme tal princípio (...). [A] atitude que se espera das partes ao negociarem e celebrarem o contrato é de ética, honestidade e transparência." *In*: BRONSTEIN, Sergio; POTENZA, Guilherme Peres. Princípio da boa-fé objetiva e os contratos de M&A. Revista Capital Aberto, São Paulo, nº 98, 2011. Disponível em: http://www.capitalaberto.com.br/boletins/principio-da-boa-fe-objetiva-e-os-contratos-de-ma/#.VHoYgDHF98E, acesso em 5/2/2016.

Enfim, resumidamente, o estudo visa criticar, questionar e testar, à luz do direito brasileiro, a efetividade e a utilidade de cláusulas de indenização e de resolução em Contratos de Aquisição, cujo modelo atual e amplamente utilizado é importado de instrumentos formatados a sistemas jurídicos de tradição anglo-saxã. As ferramentas jurídicas do sistema brasileiro que nos ajudarão a analisar a questão são os conceitos de erro (arts. 138 e seguintes), dolo (arts. 145 e seguintes), ato ilícito (arts. 186 e 187), dever de indenizar (art. 927), boa fé (art. 422) e vícios redibitórios (arts. 441 e seguintes). Trata-se da tentativa, talvez atrevida, de demonstrar a força do nosso Código Civil em operações de F&A e constatar o quão pouco nossa legislação é explorada por profissionais dessa prática.

Longe de ter como objetivo afastar nossa prática jurídica dos avanços econômicos que borbulham nos quatro cantos do mundo, a intenção desse estudo é, sobretudo, auxiliar o sistema jurídico brasileiro a acompanhar as sofisticações observadas na preparação de Contratos de Aquisição, sem desprendimento da capacidade de adaptação das bases que inspiram nossa dogmática. Antes de tudo, na esteira do mantra de advogados que se dedicam a essa prática, busca munir os *deals* de esqueletos sólidos para que não se percam.

2. Questões Terminológicas
2.1. Amplitude do termo *fusões & aquisições*

Pretendemos utilizar um conceito amplo de operações de fusões e aquisições.

A expressão tem origem anglo-saxã, "*mergers and acquisitions*", que, traduzida, resulta em "fusões e aquisições". Tecnicamente, o termo *fusão* se refere a negócio jurídico por meio do qual duas ou mais sociedades se unem para a formação de uma terceira, que as sucede em seus direitos e obrigações. As sociedades fundidas são extintas.[10] Já *aquisição* significa o negócio jurídico pautado pela transferência da propriedade de um determinado bem, mediante o pagamento de um preço. O significado que se quer extrair do termo "fusão & aquisição" (ou, de forma abreviada, F&A) é, todavia, mais abrangente que seus significados técnicos. F&A deve abarcar todo processo ou conjunto de atos com o fito de implementar combinação (no sentido de *juntar, unir, vincular*) de negócios e de reorganizações societárias. É mais do que a alienação do controle societário,[11] a compra e venda de participações societárias (quotas de sociedades limitadas ou ações de sociedades anônimas) ou a compra e venda de ativos empresarias, mas também a formação de grupos societários, a formação de consórcios, a cisão, a incorporação de sociedades ou de ações, etc. Antes de conceituar operações de F&A pela sua definição legal, institutos envolvidos, objeto ou partes, mais vale diferenciá-las pelo seu propósito, qual seja, servir de instrumento para estruturar juridicamente medidas estratégicas de crescimento externo ou compartilhado de empresas.[12]

2.2. *Reps&Warranties*: conceito e ambiguidades

As *declarações e garantias* são geralmente a base para a fixação de indenização na hipótese de se revelarem, após o fechamento da transação, incorretas ou imprecisas.

---

[10] Trata-se da clássica função "Sociedade A + Sociedade B = Sociedade C". Cf. SILVA, De Plácito e. Vocabulário Jurídico. Rio de Janeiro: Forense, 2006, p. 646.

[11] Esse é o foco de Evandro de PONTES em seu estudo sobre declarações e garantias no direito brasileiro: "O foco estará, para fins deste trabalho, voltado para as cláusulas enunciativas inseridas em instrumentos de alienação de controle, não apenas por força da tipicidade alcançada pelos negócios que envolvem a transferência inter-subjetiva de controle empresarial, decorrente da própria natureza jurídica de controle, mas também e sobretudo pela crescente relevância e interesse que esses negócios atingiram em nosso sistema jurídico e econômico ao longo dos últimos quarenta anos". *In*: PONTES, Evandro (2014), p. 10.

[12] Nesse mesmo sentido, *vide* BOTREL, Sergio (2013), p. 21.

O termo *declarações e garantias* (também conhecidas como *representações e garantias*) também tem origem anglo-saxã, da expressão "*representations and warranties*". Trata-se de tradução viciada que pode trazer problemas de cunhos morfológicos e semânticos ao interlocutor. De certa forma, uma cláusula deste tipo pode ser entendida como *declaração*, mas não se confunde com *representação* ou *garantia* no direito brasileiro. Como se sabe, o termo *representação* tem significado técnico específico no Código Civil e na Lei das Sociedades por Ações, basicamente se relacionando aos institutos do mandato e das pessoas jurídicas. *Garantia* também tem acepção própria no Código Civil e na Lei nº 8.078, de 11 de setembro de 1990 (Código de Defesa do Consumidor), que não se confunde com aquela buscada em Contratos de Aquisição.

Alega-se que o termo *representations* identifica declarações sobre fatos e circunstâncias que devem ser verdadeiras tanto no momento anterior quanto no momento exato em que o Contrato de Aquisição é assinado. Seriam declarações sobre o passado e sobre o presente. Já o conceito de *warranties* demonstraria a certeza e a precisão do fato num determinado período de tempo, e poderia se referir não só ao passado e ao presente, como também a momento superveniente da negociação.[13] A sutil diferenciação é secundária ao escopo do presente estudo.

Em linhas gerais, as *declarações e garantias* em Contratos de Aquisição compõem descrição dos aspectos relevantes da transação. Referem-se às qualidades e às principais características do objeto da negociação – p.ex. particularidades das participações societárias ou de outros ativos sendo negociados, da sociedade emissora das participações societárias em questão, etc.

Os Contratos de Aquisição normalmente contêm uma ampla lista de declarações e garantias prestadas, sobretudo pela ponta

---

[13] Cf. PEREIRA, Guilherme Cunha. Alienação do Poder de Controle Acionário. São Paulo: Saraiva, 1995, pp. 104/113.

vendedora.¹⁴ De forma bastante sucinta, preceituam que a empresa-alvo é administrada e seus negócios são conduzidos em conformidade com as exigências legais aplicáveis e com as melhores práticas de mercado. É comum que também se refiram à titularidade de todos os ativos necessários à condução das atividades e à ausência de restrições, de natureza legal ou contratual, para a alienação da participação social ou outra modalidade de ativos considerada.¹⁵

Essas cláusulas são o resultado do processo investigativo conduzido pelos compradores durante a *due diligence*. Os assessores legais das partes negociam a intensidade das *declarações e garantias*, do que representarão para o negócio. Por um lado, os assessores do comprador tendem a insistir que as declarações e garantias sejam concretas e específicas, exigindo que os vendedores sejam verdadeiros e precisos. Por outro lado, os assessores dos vendedores tendem a alegar que as *declarações e garantais* têm caráter meramente informativo e pleiteiam a desconexão entre sua eventual incorreção ou falsidade com a cláusula de indenização, com exceção das declarações referentes à capacidade de realizar o negócio e a titularidade dos ativos objeto da negociação.¹⁶ O que se mostra mais importante é, sem dúvida, estabelecer no contrato a consequência da quebra (falsidade ou imprecisão) de uma *declaração ou garantia* – p.ex. se resulta no

---

[14] Os assessores da parte vendedora geralmente gastam tempo substancial negociando, ajustando e detalhando essa seção do Contrato de Aquisição. Trata-se de trabalho a ser conduzido com cautela, de forma a diminuir ao máximo as chances de constarem declarações imprecisas ou inverídicas. A técnica normalmente utilizada é detalhar as exceções às cláusulas em anexos que integram o Contrato de Aquisição (são os chamados *disclosure schedules* ou, em português, anexos de divulgação).

[15] Cf. ABLA, Maristela Sabbag. Sucessão empresarial – declarações e garantias – o papel da *legal due diligence*. In: CASTRO, Rodrigo R. Monteiro; ARAGÃO, Leandro Santos de. Reorganização societária. São Paulo: Quartier Latin, 2005, p. 110.

[16] Cf. BOTREL, Sergio (2013), pp. 267/268.

desfazimento do negócio, em indenização e, se em indenização, em que medida. Isso confere segurança jurídica à negociação. Portanto, a negociação da cláusula de *declarações e garantias* tem finalidade informacional (principalmente para os compradores) e o condão de equilibrar o interesse das partes, flexibilizar eventuais fragilidades e, nesse sentido, de colocá-las em posições equivalentes em face do objeto da transação.[17] As informações divulgadas pela ponta vendedora durante as negociações e a realização da *due diligence* idealmente conferem ao comprador uma descrição detalhada das características comerciais, patrimoniais e jurídicas da empresa-alvo, e as *declarações e garantias* prestadas pelo vendedor no Contrato de Aquisição devem reiterar os dados necessários para que a ponta compradora decida contratar.[18]

Com o propósito de evitar ambiguidades e confusões em que o termo *declarações e garantias* pode resultar, filiamo-nos ao uso do termo que é expressamente utilizado pelo Código Civil (art. 219), *declarações enunciativas* (ou, ainda, *cláusulas enunciativas*), para se referir a tais disposições.[19]

3. Procedimento Típico de Operações de F&A

A prática e o consequente desenvolvimento do mercado de operações de F&A no Brasil resultaram na estandardização

---

[17] Cf. HALEMBECK, Luiz Fernando Amaral. Compra e venda de sociedades fechadas. *In*: ROVAI, Armando Luiz; MURRAY NETO, Alberto. As sociedades por ações na visão prática do advogado. Rio de Janeiro: Elsevier, 2010, pp. 157/158.

[18] Esse exercício também tem impacto na formação de outros elementos da negociação (p.ex. outorga de garantias) e na estrutura e forma de pagamento do preço.

[19] Nesse mesmo sentido, *vide* PONTE, Evandro de (2014), pp. 16/17. Trata-se de exercício que busca meramente o rigor nos conceitos deste estudo, pois, na prática, é muito mais comum e difundido que profissionais se refiram a *declarações enunciativas* como *declarações e garantias* ou, no jargão em inglês, *reps and warranties*.

do processo prévio à efetiva aquisição. Tipicamente abrange as mesmas fases e documentos considerados imprescindíveis, especificamente ajustados a particularidades e prioridades de cada caso concreto.[20-21] Não é um procedimento previsto em lei e não se aproxima do rigor, de prazo e de forma, a que se submetem processos judiciais e administrativos. Trata-se, antes de tudo, da legitimação das regras pelo procedimento, pela qual um negócio de F&A que decorra de um consenso ou convenção processado dentro dos parâmetros de boa-fé objetiva é considerado *legítimo*.[22]

Como sugerido anteriormente, o mercado brasileiro de F&A bebeu na fonte de tradição anglo-saxã e adotou os procedimentos em uso nos Estados Unidos e na Inglaterra, com poucas adaptações. Isso fez desabrochar o que hoje é possível chamar

---

[20] Nas palavras de Evandro de PONTES, "[o]s procedimentos para aquisição de controle são considerados, pelos bancos de investimento e por outras empresas que prestam assessorias semelhantes, como um verdadeiro *know-how* na prestação de seus serviços para as empresas e pessoas envolvidas: adquirente, alienante e empresa-alvo (*target company*)" e "[u]m procedimento negocial sofisticado, com um mínimo de fases, precauções, cautelas e formalidades assegura às partes que nenhuma delas (sobretudo o adquirente) venha a ser surpreendido com contingências mais ou menos evidentes e que, num juízo legal, podem ser classificadas como erro escusável ou falta de cautela e diligência". *In*: PONTES, Evandro de (2014), p. 32 e p. 37. Sergio BOTREL também aponta que "[a]pesar de algumas variáveis desse processo padrão [de operações de F&A], a realização de auditorias (jurídica, financeira e estratégica) e a troca de determinados documentos (cuja denominação está praticamente consolidada) acabam compondo uma prática quase que uniforme no mercado de F&A". *In*: BOTREL, Sergio (2013), p. 209.

[21] Exceção se faz aos casos de aquisição de companhia aberta, que estão sujeitos à disciplina da oferta pública, nos termos dos arts. 257 e seguintes da Lei das Sociedades Anônimas e da Instrução CVM nº 361, de 5 de março de 2002, conforme alterada.

[22] Sobre esse tema de teoria geral do direito, *vide* LUHMANN, Niklas. Legitimação pelo procedimento. Tradução de Maria da Conceição. Brasília. UNB, 1980; e DINAMARCO, Cândido Rangel. A Instrumentalidade do Processo, 12ª ed. São Paulo: Malheiros, 2005, p. 132.

de procedimento *tupiniquim* de F&A. O presente capítulo se propõe a abordar tão somente o processo brasileiro de F&A, não sendo nossa intenção desbravar outros mares.

3.1. *Due diligence*: conhecendo o objeto do negócio

Processos de F&A geralmente se iniciam pelo contato da administração das sociedades envolvidas e pela troca de informações entre seus sócios ou acionistas, com o propósito de verificar se o negócio será proveitoso e criará sinergias e oportunidades comerciais às partes. Trata-se de fase de pré-negociação, popularmente conhecido como "namoro", na qual as tratativas ainda são informais e são trocadas impressões preliminares sobre o negócio, de forma a confirmar se os gastos com assessores e o tempo e a exposição sacrificados na negociação farão sentido.[23]

Uma vez que o interesse pela transação é confirmado, inicia-se a fase de *due diligence* (normalmente, jurídica, financeira e estratégica) da sociedade-alvo.

A auditoria visa, antes de servir de base para a identificação de problemas (no jargão, *red flags* ou, se de tal nível de relevância que possam levar as partes a desistirem do negócio, *deal breakers*) e auxiliar na formação do preço da empresa-alvo,[24] permitir que os compradores e vendedores estejam em níveis equalizados de informação a respeito do objeto do negócio jurídico que as partes têm a intenção de celebrar.[25] Parte-se do pressuposto de

---

[23] Cf. BOTREL, Sergio (2013), p. 209/211. Para motivações econômicas de operações de F&A, *vide* GRAVA, J. William. Fusões e aquisições: motivadores econômicos e estratégicos. *In*: SADDI, Jairo (org.). Fusões e aquisições: aspectos jurídicos e econômicos. São Paulo: IOB, 2002, p. 3/42.

[24] Cf. NEJM, Edmundo; BRUNA, Sérgio Varella. *Due diligence* – identificando contingências para prever. *In*: SADDI, Jairo (org.) (2002), pp. 203/220; BOTREL, Sergio (2013), pp. 211/212; FABRETTI, Láudio Camargo. Fusões, aquisições, participações e outros instrumentos de gestão de negócios: tratamento jurídico, tributário e contábil. São Paulo: Atlas, 2005, pp. 146/149.

[25] Cf. PONTE, Evandro de (2014), p. 44.

que os vendedores têm conhecimento da empresa-alvo e deles se espera que forneçam aos compradores informações relativas ao objeto da negociação com o fito de reduzir a assimetria informacional entre as partes.[26] Busca-se a paridade entre partes, ou *sinalagma*, acerca da sociedade-alvo. O princípio que inspira essa fase do processo é: se não há igualdade informacional entre os polos, também não há negócio jurídico de F&A regularmente formado.

Neste ponto, vale observar que, muito embora operações de F&A possam se estruturar pela aquisição de participações societárias (quotas ou ações da empresa-alvo) e, nesse sentido, seja possível alegar que o objeto da transação é formado por tais participações (e não o conjunto de ativos formador da empresa-alvo), notamos que as quotas ou ações não representam ou geram qualquer valor sem os ativos e o fluxo de caixa da empresa-alvo. Daí a importância em se auditar não só a propriedade das participações e outras relações jurídicas a elas relacionadas, mas também os contratos celebrados pela empresa-alvo, seus imóveis, contingências fiscais, ativos relevantes, assuntos trabalhistas, etc. As participações societárias, nesse caso, funcionam como mero instrumento ou veículo para a transferência de um ativo ou valor substancialmente mais complexo e maior que as participações em si.

Inclusive, a caracterização do objeto de operações de F&A como complexo e abrangente de toda atividade empresarial da sociedade-alvo é fundamental para a determinação da extensão das responsabilidades advindas de declarações enunciativas e de sua função em Contratos de Aquisição.

---

[26] Cf. ARAGÃO, Leandro Santos de. Dever de Informar e Operações de Reorganização Societária – procedimento preparatório e as informações assimétricas. *In*: CASTRO, Leandro Santos de; ARAGÃO, Leandro Santos de (org.) (2005), p. 81.

3.2. Primeiros passos formais de uma negociação

Na prática brasileira de F&A, o processo que resulta na celebração do Contrato de Aquisição (e, posteriormente, no fechamento do negócio) tende a percorrer os seguintes passos: (1) negociações preliminares; (2) contrato preliminar; e (3) Contrato de Aquisição. Entre as etapas "1" e "2" há a troca de propostas e contrapropostas e sua aceitação.[27]

3.1.1. Negociações preliminares, proposta e aceitação

Essa fase é marcada pela troca preliminar de informações entre as partes, discussões sobre suas intenções e definição dos próximos passos da transação. Acima de tudo, o desenrolar dessa etapa determinará a continuação, ou não, do processo de formação e celebração do Contrato de Aquisição. Prevalece o princípio da liberdade contratual, pois qualquer das partes pode encerrar as tratativas sem que lhes seja imposta qualquer sanção ou dever de indenizar.

Caso a negociação tenha conferido a qualquer das partes a legítima expectativa de celebração do contrato definitivo, a ruptura injustificada pode resultar à parte que descontinuou o negócio o dever de reparar os prejuízos comprovados pela parte prejudicada.[28] Isso não garante a qualquer dos contratantes a celebração do contrato definitivo, mas tão somente a reparação indenizatória.

Em que pese a flexibilidade, as partes já são obrigadas a observar o princípio da boa-fé objetiva positivado no art. 422 do Código Civil. Impõe-se a elas conduta proba e diligente que, nessa etapa, se traduz nos deveres de sigilo e transparência. O dever de sigilo é corporificado nos acordos de confidenciali-

---

[27] Cf. BOTREL, Sergio (2013), p. 227.
[28] *Op. cit.*, p. 228. O autor sustenta que o fundamento da reparação é a proibição do *venire contra factum proprium*, ou seja, a proibição do comportamento contraditório, e tutela da confiança na formação de negócios.

dade, tipicamente celebrados nessa fase pelas partes, os quais estabelecem a obrigação de omissão (não fazer) de divulgar informações sigilosas trocadas entre vendedores e compradores. Por sua vez, o dever de transparência impõe a prestação (fazer) de informações necessárias ao exercício de escolha livre pela contraparte, não se limitando ao dever básico de não prestar informações incorretas ou imprecisas.

Quando a fase de negociações preliminares atinge determinado grau de maturidade, a parte compradora submete uma *proposta* formal para a aquisição da empresa-alvo. Trata-se de declaração unilateral de vontade do comprador que necessariamente contempla todos os elementos do negócio jurídico a ser formado caso o destinatário (vendedor) manifeste aceitação dos termos da proposta. Nas palavras de Sergio BOTREL, a proposta é "negócio jurídico unilateral receptício (ou com destinatário) que tem por finalidade a formação de um contrato".[29]

Em geral, propostas, mesmo que expressamente pactuadas como não vinculativas (*non-binding*), são consideradas pela dogmática brasileira como obrigatórias para as partes e, assim, vinculativas. A conclusão do contrato definitivo se subordina, nesse sentido, à pura e simples adesão do destinatário da proposta, respeitados os prazos e a forma para adesão que consta da proposta.[30]

Para que ocorra *aceitação* da proposta, o destinatário deve se manifestar (expressa ou tacitamente) dentro do prazo de vigência da proposta, e não pode incluir aditamentos, condi-

---

[29] Cf. BOTREL, Sergio (2013), p. 230. O autor também disserta sobre a tênue linha entre *proposta* e *convite*, muitas vezes central para a determinação de responsabilidades e obrigações nessa etapa do processo.
[30] Cf. art. 427 do Código Civil. A norma relativa ao efeito vinculante de propostas suporta, contudo, exceções. Ocorrem quando os termos do documento, a natureza do negócio ou as circunstâncias do caso permitem determinar a inexistência de obrigatoriedade de cumprimento com o que foi proposto.

ções ou restrições à proposta, caso contrário será considerada nova proposta.[31-32]

3.1.2. Contrato preliminar

O objeto do contrato preliminar não é a empresa-alvo, mas a própria celebração do negócio relativo à alienação da empresa-alvo. Por ele, as partes assumem a obrigação de celebrar o contrato final e, para tanto, é necessário que contenha todos seus requisitos essenciais, exceto quanto à forma.[33]

Ao gerar direitos e obrigações às partes referentes ao negócio que se pretende firmar, as partes não se obrigam somente a prosseguir com as negociações, mas sim (e, principalmente) a concluir o contrato com o conteúdo delineado no contrato preliminar.[34] Nesse momento, as partes chegaram a um consenso quanto aos termos econômicos essenciais, a base para determinação do preço e sua forma de pagamento, mas não desejam, por variadas razões, implementar o negócio de imediato. Ao mesmo tempo, não querem deixar a celebração do Contrato de Aquisição ao arbítrio ou à ética de ambas ou de uma das partes, daí a necessidade de trazer segurança jurídica ao pactuado. Pela sua celebração, as partes buscam simplesmente ter a certeza de que os efeitos do que vinha sendo negociado até então serão oportunamente uma realidade.[35]

---

[31] Cf. art. 431 do Código Civil.

[32] Geralmente não é claro quando cada uma das fases descritas ocorre, principalmente a proposta e a aceitação. Muitas vezes, no contexto do intercâmbio de informações entre as partes e condução das negociações preliminares, as partes começam a preparar o documento que obriga as partes a celebrar o negócio futuro, cujas condições pormenorizadas estarão presentes no Contrato de Aquisição.

[33] Cf. art. 462 do Código Civil.

[34] Cf. DINIZ, Maria Helena. Curso de direito civil brasileiro. São Paulo: Saraiva, 2010, v. 3, p. 43.

[35] Cf. BOTREL, Sergio (2013), p. 234.

O princípio basilar do direito contratual, *pacta sunt servanda*, passa a ganhar relevo nessa fase do processo, pois, silente o contrato preliminar (ressalvada cláusula expressa de arrependimento), o pactuado tem natureza de promessa irretratável e irrevogável e, portanto, é lícito a qualquer das partes exigir a celebração do Contrato de Aquisição definitivo.[36]

Cumpre verificar que a celebração de contratos preliminares não é necessariamente observada na prática. Não é raro que as partes decidam pular esta etapa e passar para a negociação e redação do Contrato de Aquisição.

3.3. Contrato de Aquisição: o principal documento da operação de F&A

Uma vez que haja acordo de vontade, os termos da negociação se aperfeiçoam e dão origem ao Contrato de Aquisição, instrumento tipicamente empresarial.[37-38]

---

[36] Não devemos confundir contratos preliminares com memorandos de entendimentos, protocolos ou cartas de intenção. Não há definição doutrinária clara acerca da diferença entre esses instrumentos, contudo, na prática se observa que enquanto os contratos preliminares almejam ser vinculantes e definitivos quanto ao seu objeto (a celebração do Contrato de Aquisição), aqueles tendem a ser parcialmente vinculantes e conter avenças paralelas, subsidiárias, à aquisição da empresa-alvo (p.ex. exclusividade na negociação, reestruturação societária prévia à aquisição, etc.). Enquanto o contrato preliminar busca realmente vincular as partes em prol da celebração do negócio jurídico definitivo, os demais instrumentos têm como principal foco estabelecer as premissas das fases seguintes. Nesse sentido, *vide* PONTES, Evandro de (2014), p. 39.

[37] Cf. POTENZA, Guilherme Peres (2013), p. 77.

[38] Neste passo, convém lembrar os ensinamentos do civilista Orlando GOMES na distinção entre *contrato civil* e *contrato empresarial*. Para ele, a diferenciação se justifica "(...) não só porque diferentemente disciplinados, mas, também, porque se interpretam conforme preceitos distintos" e "[o]s contratos empresariais apresentam importantes peculiaridades de tratamento, p.ex., no que diz respeito à interpretação (papel mais acentuado dos usos empresariais), à alteração das circunstâncias (menor possibilidade de revisão contratual) e à aplicação dos princípios da boa fé e da função social do contrato". Define *contratos empresariais*

Conforme indicado *supra*, as operações de F&A com assessores especializados (normalmente, legais e financeiros) são instrumentalizadas com estruturas padronizadas de Contratos de Aquisição, contendo cláusulas que tendem a se repetir nas operações. Por certo que essa observação não afasta a adequação dos dispositivos do contrato a situações específicas de cada transação, mas é bastante comum que as partes e os assessores busquem rol quase que exaustivo de proteções em termos gerais dispostas, escritas, de forma bastante semelhante, com base no acúmulo de experiências em F&A.[39]

O Contrato de Aquisição contém uma série de condições relativas à transação – p.ex. de que forma o preço de aquisição será pago, a delimitação dos ativos objetos da transação, obrigações e garantias das partes entre a assinatura do Contrato de Aquisição e o fechamento da operação, declarações enunciativas, mecanismos de resolução de disputas, delimitação da obrigação de indenizar das partes e mecânica de indenização. Na prática, é mais frequente que a minuta (ou, pelo menos, a primeira versão) seja preparada pela ponta adquirente, pois em princípio é a parte com maior exposição a riscos no negócio.

Em alguns casos a negociação do Contrato de Aquisição pode durar um dia, mas é muito mais comum que a negociação

---

como aqueles "celebrados entre empresários, pessoas físicas ou jurídicas, ou, ainda, entre empresário e um não empresário, desde que este tenha celebrado o contrato com o fim de lucro". *In*: GOMES, Orlando. Contratos. Rio de Janeiro: Forense, 2007, p. 100/101.

[39] Há nos Estados Unidos, inclusive, modelo padrão de Contrato de Aquisição divulgado pela *American Bar Association*. Trata-se do *Model Stock Purchase Agreement with Commentary* (disponível na internet: http://apps.americanbar.org/buslaw/tribar/materials/20100922000000.pdf, acesso em 5/2/2015), que consiste num manual prático com orientações para advogados e outros assessores que atuam no ramo de F&A. Mesmo quando da negociação do contrato por partes brasileiras, tal modelo da *American Bar Association* prevalece, muitas vezes em detrimento do sistema legal brasileiro.

se estenda por algumas semanas, e não é raro que se estenda por meses.[40] Por razões claras, é normal e saudável que as partes negociem para adequar o nível informacional e formatar a transação da forma que melhor se adequa a todos. Contudo, via de regra não é recomendável que se estenda por período demasiadamente longo, para minorar o desgaste entre as partes, natural no processo de negociação, as chances de revisão das premissas do negócio e reduzir os chamados custos de negociação (em inglês, *transaction costs*).

As derradeiras fases de um procedimento de F&A abrangem a assinatura dos documentos, que torna o negócio vinculante (no jargão em inglês, *signing*), seguida do fechamento da operação (*closing*), com o pagamento do preço de aquisição (nos termos acordados no Contrato de Aquisição) e a transferência dos ativos objeto da negociação. Por fim, temos a administração da transação pós-fechamento (*post-closing*), com discussões sobre contingências detectadas após a consumação do negócio, troca de notificações para pagamento de parcela retida do preço de aquisição, desembolso de indenização e cumprimento de outras obrigações.[41]

Entre o *signing* e o *closing*, são tipicamente estabelecidas obrigações (principalmente, para o polo vendedor) de obter autorizações[42] e consumar etapas necessárias para a "passagem do bastão" do exercício de proprietário dos ativos objetos da operação. Ganham especial relevância as "cláusulas de efeito material adverso" – *material adverse change* ou *material adverse effect* (no

---

[40] Cf. PONTES, Evandro de (2014), p. 54.
[41] *Op. Cit.*, pp. 45/46.
[42] As autorizações clássicas necessárias são de: (i) instituições financeiras com as quais a empresa-alvo tenha contratado empréstimos e financiamentos, caso os contratos financeiros prevejam vencimento antecipado por troca de controle ou reorganização societária; e (ii) autoridades regulatórias e autárquicas, com ênfase para as autorizações de autoridades concorrenciais.

jargão, *MAC* ou *MAE clauses*) – que, em linhas gerais, permitem ao comprador sair do negócio caso sejam verificados determinados eventos.[43]

Como visto, o Contrato de Aquisição é um documento complexo,[44] admite inúmeras facetas e trata de um sem número de assuntos na medida no interesse das partes.[45] É preparado com o intuito de ser o documento que consolida o entendi-

---

[43] A respeito de cláusulas MAC ou MAE, *vide* GONSALES, Fernanda Barbosa. Descontinuidade de operações de compra e venda de empresas: a utilização da cláusula MAC no Brasil e o instituto da onerosidade excessiva. Monografia (LLM – Direito Societário) – São Paulo: Insper, 2012.

[44] Em termos de natureza jurídica, é contrato atípico misto: "Importantes contratos típicos, como a venda e a locação, tornam-se atípicos em consequência da adjunção de uma cláusula que os transforma. Tais são, dentre outros: a venda de controle acionário (...)". *In*: GOMES, Orlando (2007), p. 127. O Contrato de Aquisição contém todos os elementos que caracterizam um contrato típico de compra e venda, regulado no Código Civil, aos quais se adicionam cláusulas atípicas – p.ex. obrigações de fazer e de não fazer referentes a dever de confidencialidade, cláusula de indenização, etc. Esse também é o entendimento de Carlo de Lima VERONA: "Mais do que simples contratos de compra e venda de participações societárias, tais contratos de M&A no Brasil são classificados como contratos atípicos mistos, encerrando não apenas a obrigação de transferência de participações societárias mediante contraprestações pecuniárias, mas também outros direitos e deveres em relação à essência e à continuidade do negócio objeto da venda". *In*: VERONA, Carlo de Lima. O uso de arbitragem em operações de M&A e os pleitos de terceiros. *In*: Revista Capital Aberto, São Paulo, a. 9, n. 100, dezembro de 2011.

[45] Segundo Guilherme POTENZA, citando Carlos Alberto BITTAR, "[p]elo contexto em que é utilizado, tal instrumento jurídico pode ser inserido no rol dos contratos comerciais (ou contratos empresariais, como preferimos denominar), os quais, segundo o saudoso jurista Carlos Alberto Bittar, sujeitam-se a um regime jurídico diferenciado, que se compõe, de início '[...] de normas de ordem pública, ditadas a partir de princípios e de postulados que inspiram o ordenamento privado e à luz das balizas postas pela Constituição vigente quanto à ordem econômica (arts. 170 e segs.). Disposições codificadas e de diplomas apartados do Código; normas de cunho administrativo e ético e orientações jurisprudenciais e doutrinárias'". *In*: POTENZA, Guilherme Peres (2013), p. 77.

mento total das partes com relação à transação (desde as tratativas iniciais e os acordos de sigilo até as últimas conclusões da auditoria legal), o que confere ao Contrato de Aquisição o *status* de principal documento em uma operação de F&A.[46]

Uma das características mais marcantes de operações de F&A é a falta de um padrão absoluto e obrigatório para a formatação da transação.

Com foco no tema sob análise, cumpre tecer comentários específicos sobre três aspectos principais do Contrato de Aquisição: a cláusula-objeto, as cláusulas enunciativas e as disposições referentes a indenização e resolução contratual.[47]

3.3.1. Objeto: descrição do negócio

A cláusula que estabelece o objeto contratual descreve o negócio sendo celebrado pelas partes. Em Contratos de Aquisição de compra e venda de participações societárias, é geralmente indispensável que descreva o número de ações ou quotas sendo transferidas, sua espécie e classe e a averiguação de sua efetiva titularidade. Além da descrição dos direitos objetos da transação, é aconselhável a inclusão da proporção do capital social da empresa-alvo sendo alienada.[48]

Convém reproduzir modelo bastante comum de cláusula do objeto do Contrato de Aquisição:

---

[46] Como corretamente indicado por Guilherme POTENZA, "[o] cerne jurídico de qualquer operação de aquisição é o contrato de compra e venda de ações e outras avenças ou o contrato de cessão onerosa de quotas e outras avenças (conforme aplicável). É difícil de se compreender essa modalidade de transação sem que se entenda o racional por detrás desse instrumento, assim como o seu padrão de cláusulas". *In*: POTENZA, Guilherme Peres (2013), p. 75.

[47] Para descrição mais pormenorizada das várias partes do Contrato de Aquisição, *vide* BOTREL, Sergio (2013), pp. 250 e ss.

[48] Cf. BOTREL, Sergio (2013), pp. 252/253.

Cláusula X. **Compra e Venda de Ações.** Sujeito às condições precedentes e demais disposições deste Contrato, na Data de Fechamento a Vendedora se obriga a vender e transferir à Compradora, e a Compradora se obriga a comprar e adquirir da Vendedora, as 653 (seiscentas e cinquenta e três) ações ordinárias nominativas de emissão da Companhia-Alvo, representativas de 70% (setenta por cento) do capital social votante e total da Companhia-Alvo, as quais se encontrarão, na Data de Fechamento, livres e desembaraçadas de quaisquer Ônus, com tudo o que estas representam com relação aos direitos utilizados e/ou necessários para a condução das atividades da Companhia-Alvo.[49]

Nota-se que a cláusula do objeto não identifica as características da empresa-alvo, mas simplesmente o negócio jurídico celebrado pelas partes e os ativos representativos do patrimônio da empresa-alvo.

É possível dizer (de forma não intuitiva) que a cláusula do objeto não faz referência aos ativos que os compradores realmente buscam adquirir e os vendedores querem alienar. O conteúdo econômico das participações societárias é baseado nos bens e direitos de titularidade da empresa-alvo, os quais, esses sim, são usados pela empresa-alvo para o desenvolvimento de seus negócios e exploração da atividade geradora do fluxo de caixa que motiva a transação.[50]

Dito de outra forma, antes de apresentar os limites e principais características do objeto do negócio (i.e. a empresa-alvo e suas atividades), cláusulas do objeto em Contratos de Aquisição meramente descrevem a operação e, na maioria dos casos, as participações societárias da empresa-alvo objeto da aquisição.

---

[49] A presente linguagem de cláusula de Contrato de Aquisição foi reproduzida para simples referência e, propositalmente, não identificamos as partes e os termos definidos utilizados.
[50] Cf. BOTREL, Sergio (2013), p. 253.

3.3.2. Declarações enunciativas e delimitação do objeto do negócio

Alguns autores enxergam nas declarações enunciativas um papel puramente instrumental. Desse ponto de vista, as cláusulas enunciativas serviriam como: (i) meio de persuasão ao vendedor para divulgar, antes do fechamento da operação, o máximo possível de informações sobre os ativos objetos da negociação; (2) base para a fixação da indenização, na medida em que as declarações enunciativas se verifiquem falsas ou imprecisas após o fechamento da operação; e (3) ferramenta para a formação do preço de aquisição, já que permitiriam ao comprador estimar o risco do negócio. Em linhas gerais, para esses autores, as cláusulas enunciativas seriam simples elementos que compõem a base para a tomada de decisão quanto à celebração do Contrato de Aquisição.[51]

Entendemos, todavia, que as cláusulas enunciativas têm papel mais central que o enxergado por tais autores.

Para entendê-lo, faz-se necessário notar que, em F&A, há entre as partes responsabilidade recíproca quanto à formação da vontade da contraparte. As partes mutuamente constroem o objeto do negócio no Contrato de Aquisição pelo uso das declarações enunciativas, com referência expressa ao resultado das investigações anteriores ao fechamento.[52]

A descrição e a correspondência das cláusulas enunciativas com situações de fato (ou seja, com a realidade da empresa-alvo)

---

[51] Nesse sentido, vide ABLA, Maristela (2005), p. 110; e BOTREL, Sergio (2013), p. 267.

[52] Segundo Evandro de PONTES, "A convenção sobre a metafuncionalidade objetiva é o principal escopo do fluxo temporal dos trabalhos que compreendem a análise das informações preliminares, do processo de avaliação (*valuation*), do condicionamento de uma proposta indicativa, da negociação das minutas de contratos e do CCV [Contrato de Aquisição] até a sua assinatura, seguindo, depois do fechamento, às providências pós-conclusivas, que podem perdurar por anos e até lustros". *In*: PONTES, Evandro de (2014), p. 61.

dependem do processo obrigacional e da convenção final entre as partes, pela qual a parte compradora exige a divulgação das características principais do objeto da negociação e a ponta vendedora se compromete a prover ao comprador informações chave referentes à empresa-alvo nas declarações enunciativas. É menos um problema de *verdade*, e mais a construção recíproca do objeto do negócio mediante enunciados descritivos contendo as principais características da empresa-alvo.

As partes criam, pelas cláusulas enunciativas, uma verdade jurídica, de declaração e de convenção, estruturada integralmente pela aceitação recíproca de um parâmetro mútuo de boa-fé adotado e generalizado para operações similares, em mesmo nível pelos contratantes. A questão acerca da construção, precisão e falsidade de declarações e garantias são menos uma questão de *verdadeiro ou falso*, e mais a manutenção e refinamento de uma convenção construída pela interlocução entre as partes.[53-54]

As cláusulas enunciativas têm a função chave de definir o objeto do negócio que se aliena e se adquire. Nota-se a característica metafuncional da empresa-alvo, tratada acima, que abrange uma série de bens, direitos e faculdades de difícil demarcação com locuções simples. Daí a necessidade de sua descrição fática em numerosas declarações enunciativas que compõem o Contrato de Aquisição. E, precisamente para evitar e prevenir que o negócio jurídico comporte vícios com relação à coisa (empresa-alvo), é que a atenção dos assessores é cha-

---

[53] *Op. Cit.*, pp. 151/152.
[54] A este respeito, convém reproduzir a lição de Evandro de PONTES, segundo o qual: "(...) as cláusulas enunciativas exercem um papel central para definir a *res* e *prover as práticas de boa-fé*, ao lado da cláusula indenizatória, que, sem afetar a integridade do negócio por força de invalidade parcial (...), dá solução de regresso entre as partes para assegurar a plenitude do ato translativo de direitos, livre de vícios ou falhas contra terceiros." *In*: *Op. Cit.*, p. 109.

mada, de forma marcante, para a redação das chamadas *reps & warranties*.[55]

3.3.3. As cláusulas de indenização e de resolução contratual: os remédios para a surpresa

As informações reveladas pelo vendedor durante as negociações e a *due diligence* costumam conferir ao comprador uma descrição pormenorizada da situação patrimonial da sociedade-alvo. As cláusulas enunciativas prestadas pelo vendedor (e, em menor importância, pelo comprador) no Contrato de Aquisição reiteram os dados necessários para a parte compradora exercer a escolha de contratar.

Tendo em vista que o conjunto e o fluxo de informações relativas à empresa-alvo interferem na formação do preço de aquisição, ganha relevo a cláusula do Contrato de Aquisição relativa às diminuições patrimoniais da empresa-alvo, ou seja, a disposição contratual que regula a responsabilidade dos compradores pela empresa alienada. Tais cláusulas funcionam como proteção do comprador para as dívidas ou contingências de que não tinha conhecimento ou que não assumiu, impondo-se ao vendedor o dever de indenizá-las ou a faculdade do comprador de rescindir o avençado.[56] Esse capítulo dos Contratos de Aquisição é geralmente dividido em duas partes.

A primeira parte estabelece a medida de responsabilidade por determinados fatos, atos ou omissões (no mais das vezes, a

---

[55] Nesse ponto faz-se novamente conveniente reproduzir conclusão de Evandro de Pontes: "(...) podemos afirmar que a natureza particular e a qualificação jurídica única do controle como objeto de um negócio jurídico ou como bem jurídico avaliado economicamente dá uma tipicidade singular aos negócios de alienação de controle cujo esforço maior das partes se resume na busca de um consenso (ou *sinalagma*) a respeito da descrição do objeto do direito e, exatamente, *do que está se vendendo e do que está se comprando*, em seu encontro com o resultado final como objeto de um contrato". *In*: Pontes, Evandro (2014), pp. 29/30.
[56] Cf. Botrel, Sergio (2013), p. 276.

incompletude ou incorreção de uma cláusula enunciativa) e os eventos que dão margem (*trigger*) à obrigação de indenizar. Normalmente, as dívidas e obrigações da empresa-alvo que já foram reveladas ao comprador quando da negociação (principalmente, ao longo do processo de *due diligence*) não funcionam como eventos de gatilho para indenização. Afora isso, há amplo espaço para as partes negociarem os eventos que darão margem ao dever de indenizar ou que resultarão na faculdade de uma das partes de resolver o negócio jurídico. Os modelos mais extremos são: (a) o de responsabilidade total (*full liability*), no qual os vendedores assumem plena responsabilidade pelo que ocorreu antes do fechamento; e (b) o de irresponsabilidade ou "regime porteira fechada", no qual o comprador responde por todos e quaisquer eventos, atos ou omissões, anteriores ou pós-fechamento.[57-58]

A função da primeira parte é garantir que o comprador não seja prejudicado por atitudes dolosas ou culposas dos vendedores nem surpreendido por passivos não identificados ao longo da *due diligence*. A ideia por detrás do dever de indenizar (ou, eventualmente, da faculdade de resolver o contrato) é manter a igualdade (no sentido de paridade, isonomia) entre compradores e vendedores (*sinalagma*), pressuposto absoluto da celebração de negócios desse tipo. Tudo que é camuflado ou omitido (intencionalmente ou não) deve ser objeto de indenização após o fechamento do negócio ou, eventualmente, dar margem ao desfazimento do negócio.

[57] *Op. Cit.*, pp. 276/277. Os regimes extremos geram desconforto para as partes e, na prática, não são muito utilizados, de onde surge a importância de modelos intermediários, mais tipicamente usados na indústria de F&A, que variam de acordo com a criatividade, negociação e interesses de cada uma das partes.
[58] Para listagem não exaustiva (porém, mais detalhada) de tais modelos intermediários, *vide* HALEMBECK, Luiz Fernando Amaral. Compra e venda de sociedades fechadas. *In*: ROVAI, Armando Luiz; MURRAY NETO, Alberto. As sociedades por ações na visão prática do advogado. Rio de Janeiro: Elsevier, 2010, pp. 157/158.

A segunda parte desse capítulo do Contrato de Aquisição trata dos procedimentos a serem observados quando da ocorrência de eventos que disparam a indenização ou a faculdade de resilir o negócio jurídico.[59] É comum que o Contrato de Aquisição faça referência a um teto mínimo de perdas indenizáveis para constituir a obrigação de indenizar (*basket*), procedimentos a serem observados quando do surgimento de demandas de terceiros, mecânica de notificação do comprador ao vendedor para pagamento do valor de perdas indenizáveis ou para remediar os eventos que importam em resolução contratual.

Uma vez que as partes chegam a um acordo quanto ao preço de aquisição, sua forma de pagamento e ao objeto da transação, o comprador e o vendedor têm preocupações opostas. Por um lado, a parte vendedora quer ter a certeza de que o *closing* ocorrerá o mais rápido possível após o *signing* (principalmente, para receber o preço de aquisição acordado) e que não ocorrerão eventos após o fechamento que importem no desfazimento do negócio, na restituição do preço ou de parcela dele ou no pagamento de indenização ao comprador. Por outro lado, a parte compradora busca (i) flexibilidade para abandonar a transação, caso defeitos relativos a momento anterior ao fechamento sejam detectados (*walk away right*) e (ii) se certificar de que, após o fechamento da transação terá prerrogativa de ser restituído por quaisquer perdas resultantes de problemas financeiros ou jurídicos que não tinha intenção de avocar quando da negociação (ou seja, assunção de riscos que não foram precificados).[60]

4. Responsabilidade Civil em Operações de F&A
4.1. Responsabilidade civil em F&A

As questões que se colocam são: quais normas e princípios do direito brasileiro devem inspirar um juiz ou um árbitro na inter-

---

[59] Cf. BOTREL, Sergio (2013), pp. 279/281.
[60] Cf. POTENZA, Guilherme Peres (2013), p. 83.

pretação de um Contrato de Aquisição? Quais regras do direito pátrio seriam úteis ou de aplicabilidade imprescindível no trato com operações de F&A?[61]

A resposta a esses questionamentos demanda análise do tema da responsabilidade civil no direito brasileiro. Cumpre testar o alcance e utilidade dos seguintes institutos jurídicos: (i) ato ilícito e dever de indenizar (arts. 186 e 187, combinados com o art. 927, do Código Civil); (ii) o princípio da boa-fé (art. 422 do Código Civil); (iii) vícios redibitórios (arts. 441 e seguintes do Código Civil); e (iv) erro, dolo e outros vícios de consentimento (arts. 138 e seguintes e 145 e seguintes do Código Civil).

4.1.1. Ato ilícito e dever de indenizar

Parafraseando o art. 186 do Código Civil, responsabilidade civil consiste na obrigação de indenizar o dano causado a outrem, seja ele de natureza patrimonial ou moral, causado a interesses

---

[61] A propósito desses questionamentos, vale transcrever comentário de Guilherme POTENZA: "(...) considerando que o instrumento de aquisição deve ser interpretado conforme regime específico que baliza os contratos empresariais, como ficaria a questão da capacidade superior de julgamento e de tomada de decisão das partes a esse tipo de contrato? Seria correto e justo esperar a mesma conduta de um fundo de *private equity*, cuja atividade primordial é de comprar e vender empresas, à de uma família que está alienando a sua usina de açúcar e álcool e que nunca participou de um M&A? A resposta seria, intuitivamente, no sentido de se esperar um preparo e sofisticação maior do fundo de *private equity*. No entanto, seria preciso ter cuidado para não cometer injustiças, já que a família poderia se cercar de diversos assessores jurídicos (em escritório de primeira linha), financeiros (um banco de investimento) e contábeis (uma renomada firma de auditoria), os quais lhe auxiliariam a tomar as melhores decisões, no âmbito da compra e venda da sua empresa. Assim, isso nos levaria a concluir que o grau de cuidado e de diligência que se espera de cada uma das partes deveria ser analisado no caso-a-caso, para se verificar o seu nível de sofisticação (o que deve incluir a sua qualificação e a presença ou não de assessores preparados)." *In*: POTENZA, Guilherme Peres (2013), p. 79.

coletivos ou transindividuais.⁶² A expressão comporta entendimento amplo e tradicional e outro mais restrito e técnico. O primeiro consiste na obrigação de reparar quaisquer danos antijurídicos – em desacordo com o ordenamento jurídico – causados a outrem. Em razão da demasiada amplitude desse primeiro entendimento,⁶³ adotamos classificação mais específica, consistindo na responsabilidade dita *negocial* e na responsabilidade civil *em sentido estrito*. Tal abordagem comporta tanto: (i) a obrigação de reparação de danos resultantes do inadimplemento de obrigações negociais (derivadas de contratos e negócios jurídicos unilaterais), quanto (ii) a obrigação de reparar danos que resultem na violação de outros direitos de terceiros que mereçam tutela, sejam individuais ou coletivos, absolutos (p.ex. direitos reais ou de personalidade) ou relativos (p.ex. direitos de crédito), ou mesmo outras situações dignas de tutela jurídica (p.ex. boa fé contratual).⁶⁴ A categoria *estrita* é a que tem sido utilizada, no Brasil e em outros países, para se referir a *responsabilidade civil* de forma genérica.⁶⁵

[62] Cf. NORONHA, Fernando. Direito das obrigações. 4ª edição – revisada e atualizada. São Paulo: Saraiva, 2013, p. 451.

[63] Nas palavras de Fernando NORONHA, "Naquela acepção ampla, a responsabilidade civil torna-se um conceito de diminuta utilidade. O importante é conhecer o regime jurídico aplicável às situações que cabem nela, (...)". *In*: NORONHA, Fernando (2013), p. 452.

[64] Merecem transcrição os seguintes comentários de Fernando NORONHA: "[f]alaremos em responsabilidade civil em sentido estrito, ou técnico, ou ainda em responsabilidade civil geral, para referir as obrigações que visam a reparação de danos resultantes da violação de deveres gerais de respeito pela pessoa e bens alheios; assim, esta responsabilidade abrangerá os danos causados a pessoas que não estavam ligadas ao lesante por qualquer negócio jurídico e também aqueles que, embora causados a alguém ligado ao lesante por um contrato ou por um negócio jurídico unilateral, ainda sejam resultado da violação de deveres gerais superiores e preexistentes a esse negócio (e que por isso não devem ser encarados como violação específica dele". *In*: *Op. Cit.*, pp. 452/453.

[65] *Idem.*

Pressuposto principal da responsabilidade civil é que haja a existência de um *dano*, que se traduz na diminuição patrimonial (mais comum em operações de F&A) ou na dor (no caso do dano unicamente moral). Ora, sendo a responsabilidade civil a obrigação de ressarcir, não pode haver responsabilização onde não há o que reparar.[66] O dano pode resultar tanto de atividade disciplinada por um contrato (como é o caso de uma transação de F&A), conhecida como responsabilidade *contratual*, como em atividade independente de qualquer ajuste com a parte prejudicada, daí a chamada responsabilidade *extracontratual* (p.ex. acidente de trânsito).[67]

Além do dano, a doutrina esclarece que são indispensáveis à obtenção de indenização: (i) nexo causal, que representa o vínculo entre uma ação ou omissão e o dano causado; e (ii) a culpa, genericamente representada pelo dolo (intencionalidade na prática do ato ou na omissão) e pela culpa *stricto sensu* (imperícia, negligência ou imprudência), em qualquer desses casos correspondendo à violação de um dever prévio.[68]

Via de regra, exige-se o elemento subjetivo (dolo ou culpa) como requisito para a exigibilidade da reparação. A comprovação de culpa no âmbito de operações de F&A é na maioria dos casos um desafio. Envolve aspectos técnicos que não deixam rastros de intenção na prática de atos lesivos à contraparte ou evidências que demonstrem imperícia, negligência ou imprudência. Além disso, a dinâmica de transações de F&A se confunde com a dinâmica dos próprios negócios, onde riscos são tomados e atitudes arrojadas são aceitas pelas partes. É possível encontrarmos casos que envolvam erros crassos (culpa *stricto sensu*) ou o real desígnio de uma das partes de prejudi-

---

[66] DIAS, José Aguiar. Da responsabilidade civil. 12ª ed., Rio de Janeiro: Forense, 1995, v. II, p. 713.
[67] Cf. PELUSO, Cezar (coord.). Código civil comentado: doutrina e jurisprudência. 2ª ed. ver. e atual. Barueri: Manole, 2008, p. 137.
[68] *Op. Cit.*, pp. 137/138.

car a outra (*dolo*). No entanto, a complexidade e a tecnicidade do mercado de F&A faz com que tais situações sejam bastante raras, e a constatação de qualquer elemento subjetivo na negociação geralmente repousa numa zona de penumbra. Em casos específicos, a culpa ou o dolo têm sua comprovação dispensada. O sistema jurídico brasileiro prevê três hipóteses de responsabilização sem o exame de culpa: (i) casos especificados em lei (art. 927, parágrafo único, do Código Civil); (ii) quando a atividade normalmente desenvolvida pelo autor do dano implicar, por sua natureza, risco para os direitos de outrem (art. 927, parágrafo único, do Código Civil); ou (iii) caso do titular de direito que, ao exercê-lo, excede manifestamente os limites impostos pelo seu fim econômico e social, pela boa-fé ou pelos bons costumes (art. 187 do Código Civil).

Não é de nosso conhecimento qualquer lei ou regulamentação específica que imponha às partes de operações de F&A a responsabilidade objetiva por danos resultantes da transação. Além disso, a negociação e a consecução de operações dessa natureza, em que pese representarem o exercício regular de um direito, não implicam riscos a direitos de outrem nem resultam na violação de quaisquer limites econômicos ou sociais ou de bons costumes.

Para constatar a importância do arcabouço de responsabilização objetiva do nosso ordenamento a operações de F&A restaria averiguar, portanto, se determinadas atitudes das partes, quando da aplicação do Contrato de Aquisição, podem caracterizar violação do princípio da boa-fé.

4.1.2. O princípio da boa-fé

Há outros princípios aplicáveis à formação e à interpretação de contratos, mas o da boa-fé merece especial atenção por sua relevância às potenciais disputas em operações de F&A.[69]

---

[69] Para perspectiva histórica do princípio da boa-fé no direito contratual brasileiro, *vide* AZEVEDO, Antonio Junqueira de. A Boa-Fé na Formação dos

A doutrina subdivide o princípio da boa-fé em *boa-fé subjetiva*, referente ao estado psicológico do indivíduo, e a *boa-fé objetiva*, regra de conduta baseada em padrões de comportamento relativos a determinadas circunstâncias, alheios a qualquer estado psicológico individual.[70] A segunda modalidade de boa fé é objeto da nossa atenção.

O significado de boa-fé pode ser resumido em duas ideias. Ambas rezam que as partes, ao celebrarem um contrato, são obrigadas a agir conforme os padrões da ética, honestidade e transparência.

A ideia principal é que o significado literal das disposições contratuais não pode prevalecer sobre a verdadeira vontade das partes.[71] Não é permitido afastar o conteúdo e o propósito realmente almejados pelas partes quando da celebração do contrato.[72] O princípio procura extrair a real intenção das partes dos elementos contidos na declaração, fora da expressão verbal imperfeita, indecisa, obscura ou insuficiente de cláusulas contratuais.[73]

Em segundo lugar, a boa-fé inspira que as partes do negócio jurídico devem agir com confiança e lealdade recíprocas. Espera-se que cooperem para a aplicação do contrato nos termos da intenção que inspirou o avençado.[74] O negócio jurídico deve produzir efeitos que lhe são próprios, não sendo permitido

---

Contratos. In: *Revista de Direito do Consumidor*, São Paulo, Revista dos Tribunais, nº 3, setembro/dezembro 1992.

[70] Cf. GOMES, Orlando (2007), pp. 43 e ss.
[71] Cf. arts. 112 e 113 do Código Civil.
[72] Cf. PAESANI, Liliana Minardi; VEIGA, Elisa Yamasaki. Aplicação do novo código civil nos contratos empresariais: modelos contratuais empresariais. São Paulo: Manole, 2004, p. 36.
[73] Cf. BEVILAQUA, Clovis. Código Civil dos Estados Unidos do Brasil comentado, 11ª ed., Rio de Janeiro: Livraria Francisco Alves, 1956, v. I, p. 265.
[74] *Idem*.

a qualquer das partes impedir ou dificultar a ação da outra no cumprimento de suas obrigações.[75] O princípio da boa fé tem funções interpretativa, supletiva e corretiva.[76]

A função interpretativa consiste, conforme acima, em fazer com que a aplicação dos contratos leve em consideração a real intenção das partes ao celebrarem o negócio. O princípio da boa-fé tem o propósito de eliminar eventuais lacunas, incoerências e outras falhas nas declarações.

A função supletiva cria deveres secundários às partes para garantir o pleno e satisfatório cumprimento das obrigações e satisfação dos interesses das partes envolvidas na relação contratual, como, p.ex., dever de sigilo, de informar, etc.[77-78]

Finalmente, a função corretiva serve como parâmetro para controle de cláusulas eventualmente abusivas e modelo para o exercício das posições jurídicas de cada uma das partes. É o que estabelece o já comentado art. 187 do Código Civil, quando considera ato ilícito o exercício de direito que manifestamente excede os limites impostos pelos seus fins econômicos ou sociais, pela boa-fé e pelos bons costumes.

Especificamente com relação às funções interpretativa e corretiva, destacamos que empresários, partes de transação de F&A, têm exigências mais rigorosas do princípio da boa-fé. Exige-se deles um padrão mais elevado de diligência, tendo

---

[75] Cf. PELUSO, Cezar (2008), p. 99.

[76] Cf. GOMES, Orlando (2007), pp. 43 e ss.

[77] Cf. art. 422 do Código Civil.

[78] A este respeito, Evandro de PONTES comenta que: "Nota-se que em um certo nível de construção do conceito comum do objeto do negócio de alienação de controle, a parte alienante tem verdadeira *obrigação de informar*, seja por força dos detalhes que analisamos acima a respeito da função da *due diligence* na tarefa de equalização das informações sobre a coisa, seja por força do dever de boa-fé objetiva para evitar um negócio jurídico objetivamente viciado". *In*: PONTES, Evandro de (2014), p. 71.

em vista que deles se espera maior preparo e o envolvimento de assessorias financeira e legal nas questões em que não têm familiaridade.[79] Não se espera que empresários fechem negócios e depois aleguem que foram ludibriados com condições que, apesar de negociadas, lhes foram desfavoráveis.

Ante o exposto e no que se refere às operações de F&A, o princípio da boa-fé tem os seguintes reflexos: (i) considerando a função supletiva da boa-fé, exige-se objetivamente das partes os deveres de cooperação, transparência e lealdade, principalmente no que tange ao dever da ponta vendedora de informar os compradores acerca das características da empresa-alvo que sejam relevantes para a negociação; (ii) caso haja violação do dever de informar (pela falta do fornecimento de informações durante a *due diligence* ou nas declarações enunciativas) e a ocorrência de dano, é possível sustentar a ocorrência de ato ilícito (art. 186 do Código Civil) e a obrigação de repará-lo (art. 927 do Código Civil) – neste caso, obrigação de reparação dos vendedores, pela violação do dever de informar; e (iii) por serem empresárias, exige-se das partes elevado padrão objetivo de diligência e cuidado, bem como o dever de buscar assessoria em assuntos que não sejam de seu conhecimento, ou seja, os vendedores não podem alegar ignorância de características da empresa-alvo como escusa ao dever de informar.

4.1.3. Vícios redibitórios e os defeitos ocultos da empresa-alvo

Vícios redibitórios consistem em defeitos ocultos da coisa que a torna imprópria ao uso.[80] Como oculto, entende-se que não

---

[79] Conforme comenta Guilherme Peres POTENZA, "(...) o empresário teria um ônus maior de entender e compreender claramente as declarações de vontade, principalmente aquelas técnicas, se comparado com a pessoa comum". *In*: POTENZA, Guilherme Peres (2013), p. 87.
[80] Cf. arts. 441 a 446 do Código Civil.

pode ser detectado por pessoa de cautela ordinária. Sendo o vício facilmente detectável, é justo presumir que houve falta de diligência, desídia, do adquirente quando da contratação.[81] Caso seja inerente à essência da coisa, o vício é capaz de torná-la imprestável ao fim a que se destina ou de reduzir a capacidade do bem por ocasião da sua utilização.[82]

O instituto visa proteger o *sinalagma* e, portanto, a justiça contratual, exigindo equilíbrio entre as obrigações contratuais. Há desequilíbrio se o bem recebido for imaterialmente incapaz de atender as finalidades pretendidas.[83]

Uma vez constatado o defeito, o adquirente poderá redibir o contrato ou exigir redução do preço, proporcionalmente ao defeito constatado. São as chamadas ações edilícias, e a faculdade de escolha é absoluta, de livre conveniência do adquirente. A ação redibitória provoca a devolução da coisa com restituição dos valores desembolsados ao alienante. Já a ação estimatória, ou *quanti minoris*, resulta na conservação do negócio jurídico à custa da redução do preço de aquisição, com devolução de parte dos valores desembolsados ao alienante.

Em operações de F&A, é desafiador imaginar situação em que determinado vício inviabilize a essência da empresa-alvo e, portanto, importe no desfazimento do negócio. Para tanto, o prejuízo do vício teria de ser sobremaneira maior que os benefícios do comprador (mesmo que potenciais), com seria o caso, a título de exemplo, de contingência ambiental cuja remediação é demasiadamente árdua, demorada e cara. Mais comuns

---

[81] Conforme apontado por Nelson RESENVALD, "[o] adquirente omisso que posteriormente invoca o vício incide em abuso de direito (art. 187 do CC), na modalidade do *venire contra factum proprium*, na medida em que o exercício da pretensão atual é incompatível com a sua conduta originária, sobremaneira pelas expectativas legitimamente criadas no alienante". *In: idem.*
[82] Cf. BOTREL, Sergio (2013), p. 253/254.
[83] Cf. PELUSO, Cezar (2008), p. 431.

seriam os vícios que reduzem a capacidade da empresa-alvo de gerar valor (p.ex. falta de licença necessária ao desenvolvimento de determinada atividade ou a inexistência de ativo que fora apresentado na *due diligence* como contabilizado).

O valor do prejuízo seria relativamente fácil de ser calculado nesses casos, correspondendo ao valor da contingência ou do passivo oculto detectado – p.ex. valor a ser desembolsado pela empresa-alvo por execução fiscal referente a período-base *pre--closing* ou montante desembolsado em acordo com ex-funcionário, por descumprimento da legislação trabalhistas em período anterior ao fechamento.

Ao utilizar a expressão coisa (*res*), o art. 441 do Código Civil transmite a ideia de que o instituto dos vícios redibitórios se baseia na garantia ao adquirente de bens móveis e imóveis, nas obrigações de dar coisa certa.[84] Como visto, em operações de F&A, a individualização da *coisa* objeto do Contrato de Aquisição é feita pelo uso das declarações enunciativas. Mesmo que se alegue que *coisas*, da forma prevista no Código Civil, se referem a bens tangíveis, a extensão do instituto nas aquisições de participações societárias parece legítima. Tem apoio interpretação teleológica e se adapta à realidade do direito societário, no qual as ações ou quotas representativas do capital de uma sociedade, classificadas tradicionalmente como bens intangíveis, representam um conjunto mutável e dinâmico de bens tangíveis e intangíveis utilizados para a exploração de uma atividade econômica. Ainda, diante da liberdade contratual outorgada às partes, nada impede que venham a disciplinar, expressamente, a resolução ou o abatimento do preço em razão da constatação de vícios ocultos que diminuam o valor da empresa explorada pela sociedade-alvo.[85]

---

[84] *Ibidem*.
[85] Cf. BOTREL, Sergio (2013), p. 254.

O art. 445 do Código Civil estabelece que há decadência do direito do adquirente de desfazer o negócio ou abater o prejuízo do preço, com relação a bens móveis, em período de trinta dias contado da ciência do adquirente a respeito do vício (prazo que é contado pela metade, a partir da alienação, se o reclamante já estava na posse do bem no tempo da alienação). A questão que se coloca é saber se a estipulação de prazo em Contrato de Aquisição diferente de referido prazo de decadência previsto em lei representaria uma ilegal ampliação do prazo decadencial (que, segundo a doutrina, é um dos princípios da teoria da decadência).[86] Em outras palavras, poder-se-ia convencionar extensão do prazo de decadência para o pleito de reparação por vícios redibitórios? Entendemos que sim, pelo que estabelece o art. 446 do Código Civil, segundo o qual os prazos do art. 445 não correm na constância de cláusula de garantia, contanto que o adquirente denuncie o defeito ao alienante nos trinta dias seguintes ao seu descobrimento, sob pena de decadência. Não nos parece ser a sistemática normalmente aplicada em operações de F&A, mas não se pode negar que o instituto é compatível com negócios jurídicos dessa natureza e é aplicável à correção da quebra de *sinalagma* em Contratos de Aquisição.[87]

4.1.4. Vícios de consentimento: erro e dolo

O esvaziamento do conteúdo das declarações e garantias e, em alguns casos, o conteúdo econômico dos ativos objetos da operação de F&A, em virtude de fatos, atos ou omissões ocorridos antes do fechamento do negócio, pode se enquadrar em vício de consentimento.[88] São os casos de *erro* quanto ao objeto do negócio (arts. 138 e seguintes do Código Civil), ou mesmo o

---

[86] Cf. PONTES, Evandro de (2014), p. 120.
[87] Para contraponto à utilização do instituto dos vícios redibitórios em operações de F&A, *vide* PONTES, Evandro de (2014), pp. 120/123.
[88] Nesse sentido, vide PONTES, Evandro de (2014), pp. 109 e ss.

dolo (arts. 145 e seguintes do Código Civil), caso a ponta vendedora tenha deliberadamente levado o comprador a erro por meio de manobras capciosas.[89]

O fundamento para os dois institutos é a essencialidade da manifestação de vontade ao negócio jurídico. Se se deu em desconformidade com a vontade do agente, o negócio jurídico é considerado viciado.[90] Via de regra, a despeito da irrelevância das razões que levam o contraente à realização do negócio jurídico, o processo psíquico para a formação de vontade é relevante e, caso a declaração seja externada com base em noção inexata ou de falsa ideia a respeito do objeto principal ou com relação a pessoa ou norma jurídica, o negócio será defeituoso.

a. Erro

Em poucas palavras, Clóvis BEVILÁQUA resume o erro como "noção falsa, que vicia a manifestação de vontade".[91] O erro decorre da contradição entre a vontade e o que se expressou como sendo a mais precisa tradução externa, material, física, da vontade interna, psicológica, mental.[92]

Para que seja juridicamente relevante, o erro deve ser essencial, ou seja, incidente sobre qualidades substanciais do objeto ou sobre o objeto principal da declaração ou, ainda, essencial quanto à pessoa a que se refira (art. 139 do Código Civil).[93]

Especialmente relevantes para operações de F&A são os erros quanto a falso motivo, que só viciam a declaração de von-

---

[89] Cf. BOTREL, Sergio (2013), p. 253.
[90] Cf. PELUSO, Cezar (coord.) (2008), p. 114.
[91] Cf. BEVILÁQUA, Clóvis (1956), p. 332.
[92] É importante notar que, não obstante a equiparação feita pelo legislador, a doutrina costuma diferenciar ignorância de erro, pois, enquanto a ignorância significa a completa ausência de conhecimento, o erro se manifesta no conhecimento inexato e substancial das circunstâncias de fato que viciam o negócio jurídico.
[93] Cf. PELUSO, Cezar (coord.) (2008), pp. 114/115.

tade quando expresso como razão determinante (art. 140 do Código Civil). É bastante comum que as partes estabeleçam as razões que as levaram à celebração do negócio nos chamados "considerandos" do Contrato de Aquisição, entre a qualificação das partes e as primeiras cláusulas do instrumento. Esse é o espaço destinado às partes para corporificar no instrumento os motivos que, caso sejam provados falsos, terão o condão de viciar o negócio.

O erro também aparece em operações de F&A quando o comprador verifica que a empresa-alvo adquirida não contém características essenciais ou possui características diversas daquelas que ajuizou que tinha. A detecção do erro é muitas vezes facilitada pela forma como os Contratos de Aquisição são estruturados, tendo em vista que, como visto, as características primordiais da empresa-alvo constam nas declarações enunciativas. Em havendo discrepância das cláusulas enunciativas com a realidade encontrada pelo comprador, é legítima a alegação de erro.

Poder-se-ia alegar que nem toda declaração enunciativa é tão relevante à caracterização da empresa-alvo e, portanto, que ela não seria suficientemente *substancial* para resultar na aplicação da doutrina dos vícios de consentimento. P.ex., a existência de uma demanda trabalhista envolvendo valor imaterial que, por um lapso, não fora listada pelos assessores dos vendedores no anexo de divulgação relativo ao assunto pode ser considerada um erro substancial?

A este respeito, importante questão que se coloca é se, sem embargo à redação do art. 138 do Código Civil referente às consequências do vício do negócio jurídico por erro, a anulabilidade seria o único remédio para consertar o defeito.[94] Em outras pala-

---

[94] "Art. 138. São anuláveis os negócios jurídicos, quando as declarações de vontade emanarem de erro substancial que poderia ser percebido por pessoa de diligência normal, em face das circunstâncias do negócio."

vras, a constatação de erro no negócio jurídico importaria no necessário desfazimento do vínculo contratual como um todo? O art. 144 do Código Civil deixa a decisão ao contratante em erro. Prevê que o destinatário da declaração de vontade pode "se oferecer a executá-la [manifestação de vontade] na conformidade da vontade real do manifestante". Ou seja, caso a falsidade ou a imprecisão nas declarações enunciativas seja estabelecida como evento que dá margem a *indenização* de uma parte à outra, ao invés de prevê-la como causa para *resolução* do contrato, restará clara a vontade do prejudicado de manter o negócio jurídico de pé. Nessas circunstâncias, o erro se traduz em indenização.[95]

Finalmente, cumpre reconhecer que negócios jurídicos podem ser parcialmente invalidados, não apenas em virtude da presença de cláusula de invalidade parcial (*severability*),[96] mas também por conta do disposto no art. 184 do Código Civil.[97] Por força desse dispositivo, o prejudicado com o erro pode buscar anular o negócio apenas e tão somente quanto à parte atingida com o vício de consentimento, se afetar a parte regular, não afetada pelo defeito.

---

[95] Nas palavras de Evandro de PONTES, "Impor às partes a morte do negócio, por sua anulação, além de atentar contra a autonomia da vontade e não trazer qualquer benefício à ordem pública, pode significar, em casos semelhantes, a imposição de uma penalidade sem qualquer benefício para a comunidade e segurança dos negócios." *In*: PONTES, Evandro de (2014), pp. 127/128.

[96] As cláusulas de *severability* geralmente expressam, de forma uniforme em todos os contratos, uma redação semelhante à seguinte: "se qualquer disposição ora avençada for considerada proibida ou inválida, tal disposição será considerada ineficaz na exata medida de sua proibição ou invalidade, sem com isto invalidar ou afetar os termos remanescentes de tal disposição ou os demais dispositivos neste Contrato."

[97] "Art. 184. Respeitada a intenção das partes, a invalidade parcial de um negócio jurídico não o prejudicará na parte válida, se esta for separável; a invalidade da obrigação principal implica a das obrigações acessórias, mas a destas não induz a da obrigação principal."

b. Dolo

O dolo é a causa de um erro provocado por má-fé do contraente. Clóvis BEVILÁQUA define o instituto como "o artifício ou expediente astucioso, empregado para induzir alguém à prática de um ato, que o prejudica, e aproveita ao autor do dolo ou a terceiro".[98] Em contraponto ao erro, no qual o prejudicado se engana (erro espontâneo), no dolo ele é propositalmente enganado (erro provocado).[99]

Há duas modalidades de dolo: o dolo acidental (art. 146) e o dolo incidente (art. 145). O primeiro não interfere na manutenção do negócio, mas sim no modo em que é realizado. Isso pode ter reflexo no preço, nos termos de pagamento, nas garantais, etc. Não importa, necessariamente, no desfazimento do negócio, mas tão somente em indenização. Já o dolo incidente ocorre quando a vontade manifestada não se daria caso o dolo não tivesse sucedido. Nesse caso, o prejudicado pode buscar o desfazimento do negócio e, além disso, indenização por perdas e danos, pois se trata de ato ilícito.[100]

A hipótese de dolo comissivo, grosseiro e deliberado em processo de F&A é improvável. É inibida por ser facilmente identificável.

Uma hipótese mais factível em processos de F&A é a do dolo por omissão (art. 147 do Código Civil), especialmente no contexto do processo de *due diligence*, quando uma parte deixa de apresentar à outra parte documento ou informação relevante ao processo de formação de vontade, especialmente quanto ao objeto do Contrato de Aquisição.[101]

---

[98] Cf. BEVILÁQUA, Clóvis (1956), p. 273.
[99] Muito embora relacionadas, tecnicamente, as doutrinas do erro e do dolo não se acumulam. Se o erro for resultado de um ato doloso, não haverá aplicação de ambas as doutrinas em concorrência, mas precisamente, da aplicação exclusiva das regras relativas ao dolo.
[100] Cf. PELUSO, Cezar (coord.) (2008), pp. 117/118.
[101] Nas palavras de Evandro de PONTES, "[o] dolo por omissão se liga à averiguação, no processo de aquisição, se o fluxo das informações previamente conhe-

É mais simples manejar as consequências do dolo se comparadas com as do erro. As regras aplicáveis ao dolo acidental (art. 146) e à omissão dolosa (art. 147), bem como a possibilidade de convalidação do negócio por dolo de terceiro (art. 148) deixam claro que sua ocorrência não leva necessariamente à anulação do negócio. O prejudicado pode buscar indenização pelos prejuízos causados.[102]

5. Considerações Finais

Muito embora a prática de operações de F&A no Brasil tenha adotado, em considerável medida, modelos de cláusulas de indenização e resolução contratual da tradição jurídica anglo-saxã, há sólidos fundamentos legais para usá-los no nosso mercado. Para tanto, é preciso ter dois aspectos como premissas.

Em primeiro lugar, é necessário apreender uma operação de F&A como um conjunto concatenado de atos que são legitimados pelo próprio procedimento padrão de troca de informações e negociação do Contrato de Aquisição. O consenso, a convenção e o *sinalagma* são processados e edificados pelas partes mediante a observância de padrões objetivos de comportamento. Ganha relevo o princípio da boa-fé objetiva (art. 422 do Código Civil) e seus seguintes derivados:

(i) Compradores e vendedores têm deveres de cooperação e de lealdade. Os vendedores são obrigados a informar aos compradores as características primordiais e os passivos relevantes da empresa-alvo, bem como quaisquer

---

cidas pelo alienante e que poderiam ter influído no preço e na avaliação pelo adquirente, se deram dentro da boa-fé e dentro do que é necessário para definir as principais características do controle, objeto do negócio. (...) [A] questão nem giraria tanto em torno da *verdade*, mas do valor de verdade necessário à definição e precisão do objeto do negócio." *In*: PONTES, Evandro de (2014), pp. 130/131.
[102] Cf. *Op. Cit.*, p. 133.

outras informações por eles solicitadas. A equalização de informações entre as partes sobre os ativos objetos da transação e a mútua construção do *sinalagma* são instrumentalizadas pela *due diligence*; e

(ii) Por serem empresárias, as partes de operações de F&A devem: (1) se pautar por padrões objetivos de comportamento, de diligência e cuidado mais elevados que os aplicáveis a partes comuns; e (2) procurar o auxílio de assessores especializados em assuntos com que não estejam acostumadas a lidar.

Os vendedores têm, pois, o dever de prestar aos compradores o máximo possível de informações acerca da empresa-alvo. Não é razoável se escusarem de responsabilização alegando ignorância acerca dos passivos relacionados ao objeto da negociação.

Em segundo lugar, é importante compreender que o Contrato de Aquisição possui dois objetos: o objeto do contrato e o objeto da negociação. O primeiro se refere aos ativos diretamente adquiridos, normalmente consistindo nas participações societárias representativas do patrimônio da empresa-alvo (ações ou quotas) ou na lista de ativos que compõem o complexo empresarial. Ou seja, o *objeto do contrato* simplesmente descreve e identifica o negócio jurídico celebrado pelas partes. Não indica o que os compradores realmente intencionam adquirir e os vendedores pretendem alienar. Por sua vez, o *objeto do negócio* é composto pelos bens e direitos de titularidade da empresa-alvo que são utilizados, em conjunto, para o desenvolvimento das atividades empresárias e geração de riqueza. O *objeto do negócio* é o que motiva a transação.

O objeto do negócio é delimitado pelas declarações enunciativas. Esse capítulo do Contrato de Aquisição, longe de ter papel meramente secundário e instrumental na fundamentação das cláusulas de indenização e de resolução contratual, descreve o motivador da operação e compõe o cerne do Contrato de Aquisição. Trata-se do *objeto* (*res*) a que o art. 104, inciso II, do Código Civil faz referência. As declarações enunciativas são fruto de todo o trabalho dialético de assimilação e reprodução semântica da expectativa das partes do que é a empresa-alvo, realizado durante o processo de troca inicial de informações entre as partes, *due diligence* e negociação do Contrato de Aquisição.

Dito de outra forma, como não é possível identificar, fisicamente, o conjunto complexo de ativos e obrigações que compõem a empresa-alvo, as partes constroem descritivamente *o que é* o objeto do negócio no próprio Contrato de Aquisição. As declarações enunciativas *são*, entre as partes, a empresa-alvo objeto da operação de F&A.

Além da boa-fé objetiva, há três institutos que fundamentam o uso de referidas cláusulas padrão de indenização e de resolução contratual: (i) ato ilícito e dever de indenizar (arts. 186, 187 e 927 do Código Civil); (ii) vícios redibitórios (arts. 441 e seguintes do Código Civil); e (iii) vícios de consentimento (erro e dolo) (arts. 138 e seguintes do Código Civil).

O primeiro se aplica, fundamentalmente, quando há violação contratual ou quebra do princípio da boa-fé objetiva e, por consequência, ato ilícito sujeito a reparação patrimonial. Ora, a não ser que o Contrato de Aquisição disponha de forma diversa, a violação de cláusula enunciativa, seja por sua incorreção ou imprecisão, representa ato ilícito sujeito a indenização. O pleito indenizatório deve se basear em um dano e, assim, se a falsidade ou a imprecisão de cláusula enunciativa não causa prejuízo, não há que se falar em indenização.

Já o princípio da boa-fé objetiva encontra aplicabilidade prática, principalmente, quando há deliberada ou negligente falta de intercâmbio de informações ou violação do dever de lealdade, bem como na medida em que não seja claro quando e se há violação do Contrato de Aquisição.

Vícios redibitórios correspondem, em operações de F&A, aos passivos ocultos da empresa-alvo e, nos termos da lei, fundamentam tanto pleitos indenizatórios quanto a resolução contratual. É necessário que as partes expressamente estabeleçam no Contrato de Aquisição quais os efeitos (indenização ou resilição) pretendidos a cada modalidade de defeitos da *res* (empresa--alvo). Não havendo estipulação clara nesse sentido, resta aos compradores a faculdade de escolha – ação redibitória ou ação estimatória. Como é incomum que defeitos identificados após o fechamento inviabilizem o negócio ou a operação da empresa--alvo pós-transação, é recomendável estabelecer como regra geral que vícios eventualmente detectados funcionem apenas como gatilho de indenização.

O erro se manifesta quando a declaração de vontade é formada com base em informações imprecisas ou falsas acerca da empresa-alvo. Há dolo quando a discrepância entre a vontade declarada e a expressada é provocada por má-fé ou ausência de boa-fé objetiva. O desencontro entre a declaração enunciativa e situações de fato é menos uma questão de verdadeiro ou falso, do que de manutenção e ajuste da convenção entre as partes (*sinalagma*). Se há vício de consentimento, a parte prejudicada pode optar por anulação, ajuste de preço ou indenização, sendo possível estabelecer no Contrato de Aquisição quais dessas consequências serão aplicáveis e em que medida. Novamente, o estabelecimento de regras expressas e claras no Contrato de Aquisição, acerca dos eventos que importam em indenização ou em resolução contratual, bem como a medida da indenização a que a parte prejudicada fará jus, é relevante para reduzir a margem de discussão.

Respondendo à pergunta-título do presente trabalho, as cláusulas de indenização e resolução contratual em F&A não se enquadram nem como *necessidade* nem como *mera reprodução*. Como visto, em que pese nossa prática de F&A ser intensamente inspirada e influenciada por tradição jurídica estrangeira, encontramos claros e profícuos subsídios legais para referidas cláusulas no direito pátrio. O capítulo de direito das obrigações do Código Civil tem a autonomia de vontade como pedra fundamental e, portanto, o estabelecimento de regras claras (muito embora dispensáveis) são apropriadas e bem-vindas como técnica contratual em operações de F&A, para: (i) clara identificação do objeto do negócio jurídico (declarações enunciativas); e (ii) delimitação dos eventos e situações que resultarão em pleito indenizatório (e em que medida) e aqueles que terão o condão de cancelar o negócio.

Referências bibliográficas

ANAN, JÚNIOR, Pedro. **Fusão, cisão e incorporação de sociedades**: teoria e prática. 3. Ed. São Paulo: Quartier Latin, 2009.

AZEVEDO, Antonio Junqueira de. **A Boa-Fé na Formação dos Contratos**. *In*: Revista de Direito do Consumidor, São Paulo, Revista dos Tribunais, nº 3, setembro/dezembro 1992.

BEVILAQUA, Clovis. **Código Civil dos Estados Unidos do Brasil comentado**, 11ª ed., Rio de Janeiro: Livraria Francisco Alves, 1956, v. I.

BOTREL, Sergio. **Fusões & aquisições**. 2ª edição. São Paulo: Saraiva: 2013.

BRONSTEIN, Sergio; POTENZA, Guilherme Peres. **Princípio da boa-fé objetiva e os contratos de M&A**. Revista Capital Aberto, São Paulo, nº 98, 2011. Disponível em: http://www.capitalaberto.com.br/boletins/principio-da-boa-fe-objetiva-e-os-contratos-de-ma/#.VHoYgDHF98E, acesso em 5/2/2016.

CASTRO, Rodrigo R. Monteiro; ARAGÃO, Leandro Santos de. **Reorganização societária**. São Paulo: Quartier Latin, 2005.

DIAS, José Aguiar. **Da responsabilidade civil**. 12ª ed., Rio de Janeiro: Forense, 1995, v. II.

DINAMARCO, Cândido Rangel. **A Instrumentalidade do Processo**. 12ª ed. São Paulo: Malheiros, 2005.

DINIZ, Maria Helena. **Curso de direito civil brasileiro**. São Paulo: Saraiva, 2010, v. 3.

KUYVEN, Luiz Fernando Martins. **Temas essenciais de direito empresarial**: estudos em homenagem a Modesto Carvalhosa. São Paulo: Saraiva, 2012.

FABRETTI, Láudio Camargo. **Fusões, aquisições, participações e outros instrumentos de gestão de negócios**: tratamento jurídico, tributário e contábil. São Paulo: Atlas, 2005.

FRANÇA, Rubens Limongi. **Instituições de direito civil**. 2ª ed. São Paulo: Saraiva, 1991.

GOMES, Orlando. **Contratos**. Rio de Janeiro: Forense, 2007.

GONSALES, Fernanda Barbosa. **Descontinuidade de operações de compra e venda de empresas**: a utilização da cláusula MAC no Brasil e o instituto da onerosidade excessiva. Monografia (LLM – Direito Societário) – São Paulo: Insper, 2012.

GRAVA, J. William. **Fusões e aquisições: motivadores econômicos e estratégicos**. *In*: SADDI, Jairo (org.). Fusões e aquisições: aspectos jurídicos e econômicos. São Paulo: IOB, 2002.

HALEMBECK, Luiz Fernando Amaral. **Compra e venda de sociedades fechadas**. *In*: ROVAI, Armando Luiz; MURRAY NETO, Alberto. As sociedades por ações na visão prática do advogado. Rio de Janeiro: Elsevier, 2010.

HARDING, David; ROVIT, Sam. **Garantindo o sucesso em fusões e aquisições**: quatro decisões-chave para a sua próxima negociação. Trad. Sabina Alexandra Holler. Rio de Janeiro: Elsevier, 2005.

LAJOUX, Alexandra Reed; NESVOLD, H. Peter. **The art of M&A structuring**. New York: McGraw-Hill, 2004.

LUHMANN, Niklas. **Legitimação pelo procedimento**. Tradução de Maria da Conceição. Brasília. UNB, 1980.

MUNIZ, Ian de Porto Alegre. **Fusões e Aquisições: Aspectos Fiscais e Societários**. 2ª edição. São Paulo: Quartier Latin, 2011.

NORONHA, Fernando. **Direito das obrigações**. 4ª edição – revisada e atualizada. São Paulo: Saraiva, 2013.

PAESANI, Liliana Minardi; VEIGA, Elisa Yamasaki. **Aplicação do novo código civil nos contratos empresariais**: modelos contratuais empresariais. São Paulo: Manole, 2004

PELUSO, Cezar (coord.). **Código civil comentado**: doutrina e jurisprudência. 2ª ed. ver. e atual. Barueri: Manole, 2008.

PEREIRA, Guilherme Cunha. **Alienação do Poder de Controle Acionário**. São Paulo: Saraiva, 1995.

PINSKY, Lior; OLIVEIRA, Renata Fialho de. **Brazil's New Anti-Corruption Law Stirs the M&A Pot**. *In*: LAW360, Nova Iorque: 2013, disponível em: http://www.veirano.com.br/por/contents/view/brazil_s_new_anti_corruption_law_stirs_the_m_a_pot, acesso em 5/2/2016.

PONTES, Evandro de. **Representantions & warranties no direito brasileiro.** 1ª edição – São Paulo: Almedina, 2014.

POTENZA, Guilherme Peres. **Fusões e aquisições: o instrumento de aquisição de empresas do setor sucroalcooleiro:** uma visão do comprador estrangeiro. São Paulo: Almedina, 2013.

ROCHA, Dinir Salvador Rios da; QUATTRINI, Larissa Teixeira (coords.). **Fusões, aquisições, reorganizações societárias e "due diligence"**. São Paulo: Saraiva, 2012.

SILVA, De Plácito e. **Vocabulário Jurídico**. Rio de Janeiro: Forense, 2006.

VERONA, Carlo de Lima. **O uso de arbitragem em operações de M&A e os pleitos de terceiros.** *In*: Revista Capital Aberto, São Paulo, a. 9, n. 100, dezembro de 2011.

WARDE JR., Walfrido Jorge (coord.). **Fusão, cisão, incorporação e temas correlatos.** São Paulo: Quartier Latin, 2009.

Riscos Societários na Lei Anticorrupção
A Transferência e a Assunção de Responsabilidades a Sociedades, Sócios e Administradores

VITOR ANDRÉ LOPES DA COSTA CRUZ

1. Introdução do Tema

Em 29 de janeiro de 2014, entrou em vigor a Lei 12.846/2013, também conhecida como Lei Anticorrupção ou Lei da Empresa Limpa. Promulgada no calor das manifestações de julho de 2013, a Lei marca um novo paradigma na responsabilização de empresas que cometerem ou participarem de esquemas corruptos em conluio com agentes públicos.

O Instituto Datafolha publicou recentemente uma pesquisa, na qual a corrupção foi apontada, pela primeira vez, como "o principal problema do Brasil na atualidade"[1]. A corrupção é vista pela sociedade como um dos principais obstáculos ao nosso desenvolvimento, permeando o Estado Brasileiro em diversas instâncias e continua a ser um dos maiores desafios a serem vencidos por essa e pelas próximas gerações.

Diante desse cenário, uma lei que visa impor responsabilidades, de natureza civil e administrativa, a empresas que comen-

---

[1] Disponível em http://www1.folha.uol.com.br/poder/2015/11/1712475-pela-1-vez-corrupcao-e-vista-como-maior-problema-do-pais.shtml. Acesso em 14 de fevereiro de 2016

tem atos de corrupção, não só as sujeitando a pesadas sanções, mas também dando créditos por iniciativas de prevenção, foi, sem dúvida, um grande avanço. Não há como desconsiderar, contudo, os significativos impactos que estes dispositivos legais trazem ao dia-a-dia das sociedades. Seja para investir ou receber investimentos, seja para comprar ou para serem adquiridas, fato é que as empresas agora deverão manter em seu radar as melhores práticas de governança voltadas ao combate e prevenção da corrupção.

Assim, neste artigo, traçaremos um estudo crítico dos impactos societários gerados pela Lei Anticorrupção, tendo em vista, especialmente, as diversas formas de assunção e transferência de responsabilidades, mantendo sempre um enfoque prático, voltado paras as medidas preventivas e corretivas. Analisaremos, sob diferentes prismas, a responsabilização de sócios e administradores por atos de corrupção praticados pela pessoa jurídica e avaliaremos a possibilidade de estes serem responsabilizados, por omissão ou negligência, na implementação de mecanismos para detecção e prevenção de atos de corrupção dentro da empresa.

2. A Corrupção no Meio Empresarial e Breve Histórico dos Esforços Legislativos para Combatê-la

Herbert Stukart, em seu estudo Ética e Corrupção[2], avalia que a definição feita por Dante para corrupção é a mais simples e mais genial de todas. Para *il sommo poeta*, corrupção "é a situação onde o *não* se torna *sim* por dinheiro". A corrupção é um fenômeno mundial e pode-se afirmar que ela é uma consequência natural – embora indesejada – da relação entre interesses econômicos e estruturas de poder. Não há, no mundo inteiro, um país livre de práticas corruptas. Mais do que isso, toda a história da humanidade é repleta de escândalos, onde valores

---

[2] STUKART, Herbert Lowe – Ética e Corrupção; São Paulo, Nobel, 2003 – pag. 44.

e deveres éticos ou morais foram vendidos por vantagens econômicas ou políticas.

É muito difícil estimar com exatidão o verdadeiro custo da corrupção para a economia mundial. A Organização das Nações Unidas, conduto, conduziu um estudo onde apurou-se que cerca 1 trilhão de dólares são desviados anualmente da economia formal mundial. Já no Brasil, há um levantamento conduzido pela Fiesp – Federação das Indústrias do Estado de São Paulo[3], que calcula que cerca de 2,3% do nosso Produto Interno Bruto são desviados anualmente. Algo em torno de 100 bilhões de reais.

Independentemente de qualquer cifra ou estudo, um fato é certo e incontestável: a corrupção é fenômeno extremamente grave, que desvia recursos preciosos, justamente daqueles que mais necessitam. Por este motivo, desde a década de setenta, o mundo vem observando um esforço constante, por parte dos governos e organizações internacionais, para combater a corrupção, principalmente na esfera empresarial. Constatou-se que a mera criminalização da conduta individual não era suficiente e que esse tipo de ilícito só seria efetivamente reduzido, caso as autoridades voltassem seus esforços para os principais agentes econômicos do mundo capitalista: as empresas.

Assim, em 1973, os Estados Unidos promulgaram o *Foreign Corrupt Practices Act* – FCPA – talvez o primeiro grande esforço legislativo no combate à corrupção internacional. Publicado ainda no maremoto gerado pelo escândalo de *Watergate*, o FCPA tem como intuito responsabilizar empresas que paguem subornos a agentes públicos estrangeiros, com o objetivo de ganhar ou manter contratos e negócios. Depois de publicado, as empresas americanas foram aos poucos adaptando e fortalecendo suas práticas de integridade, a fim de evitar que seus braços internacionais praticassem atos de corrupção. Isso fez com que estas

---

[3] http://www.brasilpost.com.br/associaaao-nacional-dos-procuradores-darepablica-/corrupcao-efeito-brasl_b_8315806.html. Acesso em 28/10/2015

empresas perdessem "competitividade", uma vez que as multinacionais de outros países – incluindo a União Soviética – continuavam a pagar subornos e fraudar licitações, principalmente no terceiro mundo.

Diante desse cenário, os Estados Unidos iniciaram um esforço diplomático, pressionando a comunidade internacional, para que outros países também adotassem leis semelhantes ao FCPA e criminalizassem a prática de corrupção a funcionários públicos estrangeiros. Esse movimento resultou na Convenção da OCDE sobre o Combate da Corrupção de Funcionários Públicos Estrangeiros em Transações Comerciais Internacionais, assinada em Paris, no dia 17 de dezembro de 1997.

A Convenção da OCDE fez com que os países signatários se comprometessem a adotar medidas para responsabilizar as pessoas jurídicas pela prática de ato de corrupção no estrangeiro. Esse compromisso, que foi também assumido pelo Brasil, culminou – ainda que com um atraso monumental – na promulgação da Lei 12.846/2013, conhecida como a Lei Anticorrupção, cujo os pontos principais serão analisados a seguir.

2.1. A Lei Anticorrupção

A Lei 12.846/2013 prevê a responsabilização civil e administrativa da pessoa jurídica[4] por atos lesivos praticados contra a administração pública, nacional ou estrangeira. Estabelece,

---

[4] O parágrafo único do Art. 1º da Lei Anticorrupção estabelece o rol de pessoas jurídicas sujeitas à Lei: *"Aplica-se o disposto nesta Lei às sociedades empresárias e às sociedades simples, personificadas ou não, independentemente da forma de organização ou modelo societário adotado, bem como a quaisquer fundações, associações de entidades ou pessoas, ou sociedades estrangeiras, que tenham sede, filial ou representação no território brasileiro, constituídas de fato ou de direito, ainda que temporariamente."* Assim, não restam dúvidas de que a Lei Anticorrupção aplica-se a todo e qualquer tipo societário reconhecido pelo nosso ordenamento, incluindo a recém-instituída EIRELI e tipos não-personificados, como as sociedades em conta de participação.

ainda, a responsabilidade objetiva da pessoa jurídica, pelos atos lesivos previstos na Lei, que sejam praticados em seu interesse ou benefício. Portanto, os dispositivos da nova lei ampliam a responsabilidade dos agentes econômicos por atos lesivos contra a administração pública, exigindo medidas preventivas por parte das empresas.

A Lei, em seu Art 5º, define como atos lesivos puníveis:

> Art. 5º Constituem atos lesivos à administração pública, nacional ou estrangeira, para os fins desta Lei, todos aqueles praticados pelas pessoas jurídicas mencionadas no parágrafo único do art. 1º, que atentem contra o patrimônio público nacional ou estrangeiro, contra princípios da administração pública ou contra os compromissos internacionais assumidos pelo Brasil, assim definidos:
>
> I – prometer, oferecer ou dar, direta ou indiretamente, vantagem indevida a agente público, ou a terceira pessoa a ele relacionada;
>
> II – comprovadamente, financiar, custear, patrocinar ou de qualquer modo subvencionar a prática dos atos ilícitos previstos nesta Lei;
>
> III – comprovadamente, utilizar-se de interposta pessoa física ou jurídica para ocultar ou dissimular seus reais interesses ou a identidade dos beneficiários dos atos praticados;
>
> IV – no tocante a licitações e contratos:
>
> a) frustrar ou fraudar, mediante ajuste, combinação ou qualquer outro expediente, o caráter competitivo de procedimento licitatório público;
>
> b) impedir, perturbar ou fraudar a realização de qualquer ato de procedimento licitatório público;
>
> c) afastar ou procurar afastar licitante, por meio de fraude ou oferecimento de vantagem de qualquer tipo;
>
> d) fraudar licitação pública ou contrato dela decorrente;
>
> e) criar, de modo fraudulento ou irregular, pessoa jurídica para participar de licitação pública ou celebrar contrato administrativo;
>
> f) obter vantagem ou benefício indevido, de modo fraudulento, de modificações ou prorrogações de contratos celebrados com a administração

pública, sem autorização em lei, no ato convocatório da licitação pública ou nos respectivos instrumentos contratuais; ou

g) manipular ou fraudar o equilíbrio econômico-financeiro dos contratos celebrados com a administração pública;

V – dificultar atividade de investigação ou fiscalização de órgãos, entidades ou agentes públicos, ou intervir em sua atuação, inclusive no âmbito das agências reguladoras e dos órgãos de fiscalização do sistema financeiro nacional.

A Lei Anticorrupção não somente estabelece a imposição de pesadas multas para empresas que cometerem os atos ilícitos nela elencados, mas também um conjunto de outras sanções bastante gravosas, as quais podem ser aplicadas cumulativamente com as multas, e têm o potencial de afetar a situação financeira da empresa e seus negócios.

As sanções na esfera administrativa, previstas no Art 6º da Lei, são as seguintes:

"I – multa, no valor de 0,1% (um décimo por cento) a 20% (vinte por cento) do faturamento bruto do último exercício anterior ao da instauração do processo administrativo, excluídos os tributos, a qual nunca será inferior à vantagem auferida, quando for possível sua estimação; e

II – publicação extraordinária da decisão condenatória.

Já as sanções na esfera judicial, previstas no Art 19 da Lei, são as seguintes:

"Art. 19. Em razão da prática de atos previstos no art. 5º desta Lei, a União, os Estados, o Distrito Federal e os Municípios, por meio das respectivas Advocacias Públicas ou órgãos de representação judicial, ou equivalentes, e o Ministério Público, poderão ajuizar ação com vistas à aplicação das seguintes sanções às pessoas jurídicas infratoras:

I – perdimento dos bens, direitos ou valores que representem vantagem ou proveito direta ou indiretamente obtidos da infração, ressalvado o direito do lesado ou de terceiro de boa-fé;

II – suspensão ou interdição parcial de suas atividades;
III – dissolução compulsória da pessoa jurídica;
IV – proibição de receber incentivos, subsídios, subvenções, doações ou empréstimos de órgãos ou entidades públicas e de instituições financeiras públicas ou controladas pelo poder público, pelo prazo mínimo de 1 (um) e máximo de 5 (cinco) anos.

Segundo o disposto no Art. 7º, inciso VIII, da Lei Anticorrupção, é recomendável que as empresas implementem medidas de governança corporativa, como políticas próprias, mecanismos e procedimentos internos voltados à prevenção à corrupção, o que a Lei define como um Programa de Integridade ou Compliance, não somente pela óbvia razão de evitar violações, mas em função de que a existência de tais mecanismos será uma atenuante importante na determinação das sanções a serem aplicadas às pessoas jurídicas que infrinjam a referida Lei 12.846/2013.

Passado o panorama legislativo, nos próximos capítulos analisaremos com mais detalhes os impactos que essa Lei traz, mais especificamente no tocante à responsabilização de sócios e administradores por atos de corrupção praticados pela pessoa jurídica, bem como da responsabilização da própria sociedade em hipóteses de fusões, aquisições, constituição de joint ventures e participação em consórcios. Durante todo o nosso estudo, nos reportaremos às medias de governança corporativas sugeridas pelo inciso VIII do Art. 7º, para, em uma abordagem prática, indicar um caminho de mitigação de riscos para empresários e investidores.

3. A Responsabilização de Sócios e Administradores por Atos de Corrupção. Um Novo Dever de Diligência

No presente capítulo, analisaremos como a Lei Anticorrupção trouxe um novo dever de diligência para sócios, administradores e diretores de sociedades em geral, frente às pesadas sanções e penalidades judiciais e administrativas acima elencadas. Contudo, antes de adentrarmos na matéria propriamente dita, é necessário traçarmos algumas considerações sobre a responsabilidade objetiva prevista na Lei, frente à regra de responsabilidade subjetiva atualmente vigente para executivos com poderes de administração ou representação da sociedade.

3.1. Considerações iniciais sobre a responsabilidade objetiva para pessoas jurídicas e a responsabilidade subjetiva de seus administradores

O objetivo da Lei Anticorrupção, previsto nos seus artigos introdutórios, é resguardar a administração pública, seja ela nacional ou estrangeira, contra aos atos de corrupção previstos em seu Art. 5º. Para tanto, a Lei instituiu a responsabilidade objetiva das pessoas jurídicas que, seja diretamente ou através de terceiros, pratiquem atos lesivos em seu próprio interesse. Em outras palavras, o legislador afastou a necessidade da discussão sobre a culpa ou o dolo no envolvimento da pessoa jurídica no ato lesivo[5]. Não há a necessidade de se individualizar a conduta criminosa de seus administradores e representantes para que a empresa seja responsabilizada pelo ato de corrupção cometido.

Sobre a responsabilidade objetiva trazida pela Lei Anticorrupção, bem assevera o Desembargador Arnaldo Rizzardo[6]:

---

[5] Embora não seja especificamente o escopo deste estudo, cumpre informar que a responsabilidade objetiva prevista na Lei Anticorrupção foi recebida com bastante estranheza pela doutrina, principalmente entre especialistas do Direito Penal. O Prof. de Direito Penal da USP, Pierpaolo Bottini, logo após a entrada em vigor da Lei, publicou artigo com duras críticas à responsabilidade objetiva, que veio posteriormente a servir como base para uma Ação Direta de Inconstitucionalidade movida pelo PSL – Partido Social Liberal. Essa ação ainda tramita no STF.

[6] RIZARDO, Arnaldo, Responsabilização das Pessoas Jurídicas por Atos Lesivos à Administração Pública. Disponível em: http://www.lex.com.br/

"*De grande importância destacar a responsabilidade objetiva atribuída às pessoas jurídicas, tanto no campo administrativo como no campo civil. **Não se indaga da culpa, ou não se requer a pesquisa da existência de culpa na conduta das pessoas jurídicas**. (...). **Verificada a lesão à administração pública nacional ou estrangeira, a responsabilidade decorre da prática da conduta, sem necessidade de examinar se revelou-se imprudente, negligente, ou imperita a pessoa jurídica, no exame e no comando da conduta de seus agentes ou prepostos.** Pelo inciso X do art. 7º do Projeto do Senado, havia a necessidade de comprovação do grau de culpa ou dolo do agente público na medição da sanção aplicável à empresa. No entanto, em vista do veto presidencial, não será necessário comprovar que houve intenção ou grau de culpa do agente público e mesmo dos donos da empresa em cometer as irregularidades.*" (grifos nossos)

De todo modo, se, por um lado, a Lei instituiu a responsabilidade objetiva para pessoas jurídicas, ela também foi formulada de forma a não isentar de responsabilidade as pessoas físicas que concorreram com o ato. O seu artigo 3º deixa clara essa dupla responsabilidade. Vejamos:

"*Art. 3º A responsabilização da pessoa jurídica não exclui a responsabilidade individual de seus dirigentes ou administradores ou de qualquer pessoa natural, autora, coautora ou partícipe do ato ilícito.*

§ 1º A pessoa jurídica será responsabilizada independentemente da responsabilização individual das pessoas naturais referidas no caput.

§ 2º Os dirigentes ou administradores somente serão responsabilizados por atos ilícitos na medida da sua culpabilidade."

doutrina_26007222_RESPONSABILIZACAO_DAS_PESSOAS_JURIDICAS_POR_ATOS_LESIVOS_A_ADMINISTRACAO_PUBLICA.aspx. Acesso em 17/11/2015.

Pelo texto legal supracitado, é possível concluir com bastante segurança que existem dois parâmetros distintos de responsabilidade: a objetiva, para a entidade legal e a subjetiva, para seus executivos que agiram com culpa ou dolo na prática do ato de corrupção. Assim, para que uma pessoa física seja responsabilizada civil, administrativa, ou até mesmo penalmente, pelo ato de corrupção que terminou por beneficiar a empresa, será necessária a previsão ou tipificação dessa irregularidade em outro diploma legal, além, se for o caso, da comprovação de que a ação foi cometida com culpa ou dolo.

É neste ponto que pretendemos analisar a responsabilidade frente aos deveres de administração previstos no Art. 153 da Lei das S.A, para, ao fim, estabelecermos quais os critérios que deveriam ser adotados pelo Poder Público na avaliação da culpa ou dolo, para a responsabilização de administradores, diretores ou conselheiros de empresas envolvidas em atos de corrupção.

3.2. Os deveres de diligência dos administradores e sua responsabilidade por atos de corrupção

A responsabilidade de administradores talvez seja um dos temas mais explorados pela literatura do Direito Societário. A regra geral, prevista no Art. 153 da Lei das S.A, determina que o administrador "deve empregar, no exercício de suas funções, o cuidado e diligência que todo homem ativo e probo costuma empregar na administração dos seus próprios negócios". Por outro lado, o Art. 158 da Lei das S.A. estabelece que administradores poderão ser responsabilizados quando agindo dentro de seus poderes, com culpa ou dolo, ou quando ele age em violação à Lei ou ao Estatuto. Veja-se:

> *Art. 158. O administrador não é pessoalmente responsável pelas obrigações que contrair em nome da sociedade e em virtude de ato regular de gestão; responde, porém, civilmente, pelos prejuízos que causar, quando proceder:*

*I – dentro de suas atribuições ou poderes, com culpa ou dolo;
II – com violação da lei ou do estatuto.*

Sobre as hipóteses de responsabilização previstas no artigo acima, aquela trazida pelo inciso II – violação da lei ou do estatuto – nos parece a mais direta e evidente. Imaginemos que um administrador suborne um agente público, para que sua empresa não seja inabilitada em determinado processo licitatório. Este ato é posteriormente descoberto e expõe a sociedade a todo o tipo de multas e sanções previstas na Lei Anticorrupção. Neste caso, nada mais natural que o administrador seja responsabilizado e venha a indenizar os terceiros que sofreram prejuízo decorrentes de seus atos. É, afinal, uma evidente violação ao Art. 153 da Lei das S.A.

Como vimos, a Lei Anticorrupção traz um rol taxativo de condutas ilícitas. Assim, no exemplo acima, bastará ao autor da ação demonstrar que a conduta do administrador se enquadrou em uma das hipóteses previstas na Lei, e que tal conduta trouxe danos à empresa. Vale apontar ainda que, nessa hipótese, entende-se que há uma inversão do ônus da prova, ou seja, caberá ao administrador comprovar a ausência de culpa ou, em última instância, uma excludente de responsabilidade[7].

Já quanto à hipótese de responsabilização prevista no inciso I do Art. 158, onde não há uma violação direta à Lei por parte do administrador, a hipótese deste ser responsabilizado por atos de corrupção cometidos por terceiros, dentro ou a serviço da organização não nos parece tão evidente, motivo pelo qual daremos especial atenção ao tema nas próximas linhas. Sabemos da conhecida *business judgment rule*, pela qual administradores não

---

[7] GOMES, Rafael Mendes; BELTRAME, Priscila Akemi; CARVALHO, João Vicente Lapa: Compliance Empresarial: Novas Implicações do dever de diligência, em CASTRO, Leonardo Freitas de Moraes (org.): Mercado Financeiro & de Capitais: Regulação e Tributação – São Paulo: Quartier Ltin, 2015. Pag 531.

devem ser responsabilizados por seus atos regulares de gestão, mesmo que estes tenham trazido prejuízo à sociedade. Sobre essa regra, Nelson Eizirik[8] aponta que *"a expressão "ato regular de gestão" não foi definida pela Lei das S.A., devendo, como tal, ser entendido aquele praticado nos limites das atribuições dos administradores e sem violação da lei ou do estatuto social."*

Mais adiante, o autor ainda observa:

> *"Discute-se tradicionalmente na doutrina sobre a natureza da responsabilidade do administrador, se subjetiva ou objetiva. Na responsabilidade subjetiva, devem estra presentes 4 (quatro) elementos: (i) o dano certo e de ordem patrimonial sofrido por aquele que busca a sua reparação; (ii) o ato ilícito; (iii) o nexo de causalidade entre dano e conduta antijurídica; e **(iv) o dolo ou a culpa, ou seja, a intenção de provocar o dano ou a falta de cautela para evitar que ele ocorresse.** [...] A hipótese prevista no inciso I trata da responsabilidade subjetiva, uma vez que menciona a Lei das S.A. expressamente a necessidade de estar presente a culpa ou dolo."* (grifos nossos)

Como vimos, o autor é claro ao afirmar que a falta de cautela, para evitar que um dano ocorra para empresa, pode ser considerada uma conduta culposa, gerando assim o dever de indenização por parte do administrador, inclusive por violação ao Art. 153 da Lei das S.A[9]. Seguindo esse raciocínio, caso algum executivo ligado ou a serviço da empresa cometa quaisquer das condutas previstas no Art. 5º da Lei Anticorrupção, sem que a administração da companhia tenha implementado medidas e mecanismos de governança e controles internos suficientes

---

[8] EIZIRIK, Nelson. A lei das S.A Comentada, Volume II. São Paulo: Quartier Latin, 2011. Pag. 402-403

[9] Vale lembrar que o Decreto nº 8.420/2015 estabelece um desconto no valor de até 4% do faturamento bruto da empresa, na multa aplicada por violação à Lei Anticorrupção, para as empresas que implementaram mecanismos de integridade e compliance eficazes.

para detectar ou prevenir tal situação, pode-se aventar a possibilidade de administradores virem a ser responsabilizados pelos atos deste executivo, mesmo que deles não tenham tido a ciência e nem dado o aval. Não se trata, portanto, de responsabilidade por atos de terceiros, mas sim pela omissão em empreender esforços para que tal conduta antijurídica não ocorresse.

Imaginemos, por exemplo, uma empresa de médio-grande porte, cuja totalidade de sua receita vem de contratos firmados com a administração pública. Com o advento da Lei Anticorrupção, é de se esperar que esta empresa estabeleça procedimentos e mecanismos internos para assegurar a lisura de sua participação em procedimentos licitatórios. Deverão ser implementadas e aplicadas regras para comunicação com agentes públicos, oferecimentos de viagens e jantares, contratação de consultores, relacionamento com concorrentes, dentre outros aspectos. Se nada disso for feito e esta mesma empresa, mais adiante, se encontrar envolvida em um escândalo de favorecimento a agentes públicos em licitações, poderia ser aventada a possibilidade de responsabilização dos administradores que, mesmo não tendo nenhum envolvimento direto no ato de corrupção, falharam em implementar e aplicar tais regras de integridade.

Diante dessa realidade, algumas medidas e cautelas são de primordial importância para que sejam mitigados tais riscos de responsabilização. A primeira delas – e talvez uma das menos evidente – é que sejam delineadas, dentro da companhia, regras claras e específicas de alçadas e repartição de funções, para que não pairem dúvidas sobre qual diretor ou administrador era responsável por assegurar que aquela violação à Lei Anticorrupção não ocorresse. Essa distribuição de deveres e atribuições deve ser documentada e, principalmente, divulgada a todos dentro da organização[10].

---

[10] GOMES, Rafael Mendes; BELTRAME, Priscila Akemi; CARVALHO, João Vicente Lapa: Compliance Empresarial: Novas Implicações do dever de

No entanto, cumpre notar que nem sempre será claro e cristalino identificar, dentro da empresa, aquele diretor ou administrador que, por omissão, incorreu em uma conduta culposa. Será sempre necessária uma análise pormenorizada da estrutura de governança corporativa da sociedade. Ela pode contar com diversos órgãos de controles e aprovações, diretorias, comitês e conselhos, que acarretam em potenciais sobreposições de reponsabilidades.

A segunda medida que deve ser implementada é a adoção de mecanismos internos de prevenção à corrupção. Neste sentido, a própria Lei Anticorrupção estabeleceu, como atenuante às sanções aplicadas, *"a existência de mecanismos e procedimentos internos de integridade, auditoria e incentivo à denúncia de irregularidades e a aplicação efetiva de códigos de ética e de conduta no âmbito da pessoa jurídica"*.

No próximo ponto, portanto, trataremos das diretrizes fornecidas pelo Decreto nº 8420/2015, que trouxe uma lista de uma série de medias de governança corporativa e de controles internos que devem ser implementados pelas empresas, como forma de prevenir, detectar e remediar atos de corrupção dentro da organização.

3.3. Programa de Integridade: medidas de governança e controles internos para prevenção à corrupção

Programa de integridade, ou Programa de Compliance, consiste em uma série de medias de governança corporativa e de controles internos, específicas para prevenção, detecção e remediação dos atos lesivos previstos na Lei nº 12.846/2013, incluindo, além da corrupção na forma do suborno, também fraudes nos processos de licitações e execução de contratos com o setor

---

diligência, em CASTRO, Leonardo Freitas de Moraes (org.): Mercado Financeiro & de Capitais: Regulação e Tributação – São Paulo: Quartier Ltin, 2015. Pag 531.

público[11]. O Decreto nº 8.420/2015, que regulamenta a Lei nº 12.846/2013, define o programa de integridade como "*o conjunto de mecanismos e procedimentos internos de integridade, auditoria e incentivo à denúncia de irregularidades e na aplicação efetiva de códigos de ética e de conduta, políticas e diretrizes*".

O mesmo Decreto, em seu Art. 42, estabelece 16 parâmetros para a avaliação da existência e aplicação de um Programa de Integridade. Abaixo, indicaremos cada um desses parâmetros, com uma breve explanação sobre o seu conteúdo. Para uma melhor didática e organização de ideias, optamos por não seguir a ordem apresentada no Decreto Regulamentador. Pelas mesmas razões, também optamos por aglutinar alguns incisos do referido artigo, que são de certo modo repetitivos e tratam de assuntos semelhantes.

3.3.1. O Comprometimento da Alta Administração

O primeiro e, em nossa opinião, o mais importante elemento de um Programa de Integridade é o comprometimento da alta administração com a conduta ética dentro da empresa, também conhecido como "*tone at the top*". Além de ser o elemento primordial de qualquer Programa de Compliance, esse é o parâmetro que impacta mais diretamente na rotina de diretores, administradores e conselheiros. Esses profissionais devem, dentre outras atividades, participar ativamente do desenho e da implementação do Programa de Integridade, levar o assunto "integridade" periodicamente às reuniões de conselho e comitês internos, discursar e transmitir o compromisso com a conduta ética em convenções e eventos anuais, dar suporte às instân-

---

[11] CGU. (2015). Programa de Integridade: Diretrizes Para Empresas Privadas. Disponível em: http://www.cgu.gov.br/Publicacoes/etica-e-integridade/ arquivos/programa-de-integridade-diretrizes-para-empresas-privadas.pdf. Acesso em 25/11/2015

cias inferiores para a aplicação de medidas disciplinares, dentre outras atividades.

Tendo em vista que "comprometimento" ou "engajamento" são termos dotados de uma certa subjetividade, membros da alta administração devem empreender esforços concretos para difusão da cultura de integridade dentro da empresa, de modo que esses esforços possam ser registrados e arquivados, servindo, posteriormente, como elemento de prova para as autoridades, se assim for necessário. De acordo com a Instrução normativa CGU no 909/2015, artigo 4, § 2º, a prova de que o *tone at the top* foi implementado efetivamente pode ser feita de diversas formas, entre elas através de "documentos oficiais, correios eletrônicos, cartas, declarações, correspondências, memorandos, atas de reunião, relatórios, manuais, imagens capturadas da tela de computador, gravações audiovisuais e sonoras, fotografias, ordens de compra, notas fiscais, registros contábeis ou outros documentos, preferencialmente em meio digital".

Assim, podem ser utilizadas, como prova do envolvimento da alta administração com o programa de integridade, documentos como:

a) Atas de reunião do Conselho de Administração, Diretoria, ou qualquer órgão colegiado interno, composto por membros da alta administração, em que foi abordado temas voltados à prevenção à corrupção;
b) Peças de comunicação interna sobre ética e integridade;
c) Registros de ocasiões em que o assunto compliance foi incluído na pauta de grandes eventos, como convenções anuais, lançamentos, entrega de projetos, datas comemorativas, etc.;
d) Atas de reuniões ou registros de casos onde a aplicação de medidas disciplinares esteve sob a apreciação de membros da alta administração;

e) Evidências da participação de membros da alta administração em sessões de treinamento; e
f) E-mails internos enviados pelos líderes, convocando para treinamentos ou reforçando a mensagem de integridade;

3.3.2. Código de Ética, políticas e Procedimentos Escritos

O inciso II do Art. 42 do Decreto 8.420/2015 estabelece a necessidade de as empresas implementarem *"padrões de conduta, código de ética, políticas e procedimentos de integridade, aplicáveis a todos os empregados e administradores, independentemente de cargo ou função exercidos"*. Neste sentido, o pilar de um programa de integridade é o estabelecimento de um conjunto de normas e procedimentos que representem a conduta esperada de todos os funcionários e dirigentes da empresa, coordenadas entre si e aplicadas na rotina de trabalho da empresa.

Traçando um paralelo à afamada pirâmide de Kelsen, pode-se representar graficamente a hierarquia das normas internas de conduta de uma empresa conforme segue:

Figura 1: Hierarquia de normas internas de conduta

No topo da pirâmide encontra-se o Código de Conduta ou Código de Ética, definido como o *"compromisso feito voluntariamente por empresas, associações ou outras entidades, estabelecendo normas e princípios para a condução de suas atividades comerciais no mercado"*[12]. O Código de Conduta serve, primordialmente, como veículo para transmitir os princípios e valores éticos da empresa, relacionando-os à sua missão e visão e a seu papel na comunidade, seu relacionamento com seus principais *stakeholders*, incluindo clientes, acionistas, colaboradores, fornecedores, o meio ambiente e as comunidades na qual a companhia está inserida. Por meio dele, a empresa documenta seus valores e estabelece os padrões de conduta ética que deverão pautar as ações de todos os seus colaboradores, dirigentes e, não raro, de terceiros (prestadores de serviços, fornecedores, intermediários etc.) enquanto estiverem atuando em nome da empresa.

Além do Código de Ética, descendo um degrau na pirâmide acima, é fundamental que sejam estabelecidas políticas e procedimentos escritos, que cubram os assuntos previstos na Lei Anticorrupção, como o relacionamento com o poder público, práticas anticorrupção, atendimentos à fiscalização, registros e controles contábeis, patrocínios e doações, fusões e aquisições, contratação de terceiros, doações a partidos políticos[13], dentre outros[14].

---

[12] OECD, Codes of Corporate Conduct: An Inventory, Working Party on the Trade Committee, TD/TC/WP(98)74/Final, Paris (1999).

[13] Em setembro de 2015, o Supremo Tribunal Federal declarou a inconstitucionalidade do financiamento empresarial de empresas a partidos, decisão que atinge apenas a lei atual. Ao mesmo tempo, a reforma política em tramitação no Congresso Nacional previa que o financiamento continuaria legal, disposição que, no entanto, foi vetada pela presidente Dilma Rousseff. O guia da CGU "Programa de Integridade – Diretrizes para Empresas Privadas", além de oferecer diretrizes para políticas sobre patrocínios e doações, estabelece que "mesmo que decida por não realizar qualquer tipo de doação filantrópica, patrocínio ou financiamento de partidos políticos, é importante que a empresa

3.3.3. Diligências para contratação e monitoramento da atividade de terceiros

A Lei 12.846/2013 prevê que empresas serão objetivamente responsabilizadas por atos de corrupção, que sejam cometidos por colaboradores próprios ou por terceiros atuando em seu nome[15]. Ora, partindo do ponto em que empresas podem ser responsabilizadas, objetivamente, por atos de corrupção praticados por terceiros que estejam a seu serviço, são necessárias uma série de medidas de diligência, tanto antes da contratação, como no decorrer da prestação dos serviços, para evitar que terceiros se envolvam em interações impróprias com o Poder Público.

A primeira medida, disposta no inciso III do Art. 42 do Decreto regulamentador e a extensão das regras previstos no código de ética e nas normas internas da companhia a terceiros em seu serviço. É indispensável, portanto, que as políticas e procedimentos da empresa sejam estendidos a todos os terceiros que atuem em seu nome, aplicando-os ao longo do tempo, sob uma abordagem baseada no risco e no nível de controle sobre

---

divulgue claramente essa decisão para todos os seus empregados, terceiros e sociedade em geral, mediante a inclusão de vedação expressa em seu código de ética ou em outro documento mais apropriado para isso."

[14] Além destes temas, o Decreto regulamentador também prevê expressamente a necessidade de "procedimentos específicos para prevenir fraudes e ilícitos no âmbito de processos licitatórios, na execução de contratos administrativos ou em qualquer interação com o setor público, ainda que intermediada por terceiros, tal como pagamento de tributos, sujeição a fiscalizações, ou obtenção de autorizações, licenças, permissões e certidões".

[15] André Pimentel Filho, ao comentar sobre a responsabilidade objetiva por fatos de terceiros, bem afirma que, embora pela letra fria da Lei, estejam previstos apenas dois requisitos para a responsabilização de empresas nessas ocasiões: um ato de corrupção praticado por terceiro e o benefício financeiro por parte da empresa; por uma interpretação mais consistente com a ratio legis, é necessário que o ato de corrupção tenha ocorrido por obra de pessoa ou entidade que tenha alguma relação representativa com a empresa

os acordos já existentes[16]. Nesse ponto, recomenda-se que, na contratação de terceiros, especialmente aqueles que terão contato com agentes públicos (advogados, despachantes, arquitetos, despachantes aduaneiros, etc.), sejam incluídas cláusulas anticorrupção nos contratos, por meio das quais o terceiro atesta sua ciência sobre a postura da empresa contra atos de corrupção e compromete-se a não cometê-los.

Além da extensão de suas normas internas a terceiros, o decreto também prevê a necessidade da realização de "diligências apropriadas para contratação e, conforme o caso, supervisão, de terceiros". É a chamada *due diligence de terceiros*, definida como o levantamento de informações acerca de um terceiro (podendo incluir seus sócios e administradores) antes de sua contratação. É um processo de exame de um potencial parceiro de negócios, em um esforço para avaliar e mitigar riscos de corrupção. O objetivo é assegurar que os riscos de corrupção sejam identificados e evitados, através da análise de antecedentes, reputação e dos mecanismos de integridade adotados pelo futuro parceiro comercial[17].

3.3.4. Treinamentos Periódicos sobre o Programa de Integridade e Esforços de Comunicação

Entre os vários componentes de um programa anticorrupção, o treinamento e educação constituem, talvez, uma das mais importantes linhas de defesa da empresa com relação a viola-

---

[16] MINISTRY OF JUSTICE (2011). The Bribery Act 2010 Guidance. Pg. 27 Disponível em: https://www.justice.gov.uk/downloads/legislation/bribery-act-2010-guidance.pdf Acesso em 29/11/2015

[17] INTERNATIONAL CHAMBER OF COMMERCE. (2015). Anti-Corruption Third Party Due Diligence: A Guide For Small And Medium Size Entities. Disponível em: http://www.iccwbo.org/Advocacy-Codes-and-Rules/Document-centre/2015/ICC-Anti-corruption-Third-Party-Due-Diligence/ Acesso em 28/11/2015

ções às leis e regulamentos por parte de seus colaboradores. Diante de uma vasta gama de regulamentações, normas e práticas de negócio, a educação dos colaboradores, por meio de sessões formais de treinamento, é uma das melhores formas de prevenir que práticas ilegais ou antiéticas ocorram nas atividades da empresa, chamando a atenção para condutas ou procedimentos que poderiam, à primeira vista, parecerem sem maiores consequências.

Ademais, para que se possa exigir o cumprimento dos padrões estabelecidos em suas políticas, a empresa precisa comunicá-los de forma clara e inequívoca. Alguns esforços de comunicação, por sinal, podem ser simples e facilmente documentáveis, como o envio de e-mails e *"reminders"* sobre as normas contidas no código de ética e nas políticas da empresa.

3.3.5. Análise periódica de riscos e monitoramento do programa de integridade

Segundo a Portaria 909/2015 da CGU, um programa de integridade deve ser construído com base nas especificidades de cada empresa, levando em consideração diversos fatores, como porte, números de colaboradores, dispersão geográfica e riscos de corrupção inerentes a sua atividade. Nesse sentido, a condução de um levantamento de riscos de envolvimento em atos de corrupção (*risk assessment*) é fundamental para que a empresa conheça o seu perfil e implemente as medidas mitigadoras pertinentes. Segundo o Guia de Avaliação de Riscos da Global Compact[18]:

> *"Uma avaliação de risco eficiente significa entender a empresa. Significa fazer perguntas de forma ampla, entender os ambientes em que a empresa opera e com quem está lidando, tanto no setor público quanto no*

---

[18] THE GLOBAL COMPACT (2015). Guia de Avaliação de Risco de Corrupção. Disponível em: https://drive.google.com/file/d/0BzeogYNFvEqyZ kZJTXNpVXNscWc/view Acesso em 22/11/2015

setor privado. Significa também entender como vários programas e controles anticorrupção estão funcionando na empresa e seus efeitos sobre os riscos. Só então a empresa poderá dirigir os recursos de Compliance para seu melhor uso.

Todo programa de integridade deve partir de um diagnóstico, elaborado segundo uma metodologia própria, para identificar os riscos de corrupção a que a empresa está sujeita. A análise de risco deve levar em conta o tamanho, setor de mercado em que atua, mas também as formas de interação com o poder público.

Uma vez feito esse levantamento, a empresa deve reconduzi-lo com uma certa periodicidade. É normal que uma sociedade, de tempos em tempos, expanda seus negócios, invista em novas áreas e comece a operar em diferentes localidades. Todas essas novas interações geram novos riscos em potencial, que devem ser mapeados e integrados ao Programa de Compliance.

Pelas mesmas razões, um Programa de integridade deve também ser constantemente monitorado e auditado, de modo a garantir sua efetividade. Caso fique evidente, por meio das atividades de monitoramento e auditoria, que determinados processos ou elementos do programa não estão funcionando, apresentam falhas, ou não cobrem os riscos adequadamente, estes devem ser revistos e ajustados.

3.3.6. Contabilidade e Controles Internos

Assunto de especial interesse para diretores financeiros e membros do Conselho Fiscal, o Decreto 8.420/2015 estabelece que as empresas devem manter livros e registros contábeis registros contábeis que reflitam de forma completa e precisa as transações da pessoa jurídica. Em outras palavras, os lançamentos contábeis devem conter detalhes razoáveis, e refletir precisa e adequadamente as transações e destinação dos ativos, em conformidade com os métodos geralmente aceitos de contabilidade, prevenindo a ocorrência de "caixa 2" e pagamento de propinas[19]. Controle interno é o *"processo conduzido pela estrutura de governança, administração e outros profissionais da entidade, e desenvolvido para proporcionar segurança razoável com respeito à realização dos objetivos relacionados a operações, divulgação e conformidade"*[20]. Segundo a Controladoria Geral da União[21]:

"Para fins da Lei nº 12.846/2013, o que se espera nos casos de registros que envolvam situações de risco à integridade é a empresa impor regras de controle que garantam que os registros contábeis sejam mais detalhados, ou seja, analíticos e com histórico elaborado. Podem trazer, por exemplo, justificativas relacionadas à necessidade de contratação de serviços, informações sobre o preço contratado e preço de mercado, justificativa por eventual pagamento de valores acima do valor de mercado, informações sobre a entrega do produto ou serviço e comentários sobre a qualidade do serviço prestado em comparação ao valor pago."

3.3.7. Instância interna responsável pela aplicação do programa de integridade e fiscalização de seu cumprimento

Na avaliação de um programa de integridade, as autoridades também levarão em conta se a responsabilidade pela imple-

---

[19] U.S. DEPARTMENT OF JUSTICE AND U.S. SECURITIES AND EXCHANGE COMMISSION (2012). A Resource Guide to the U.S. Foreign Corrupt Practices Act. Disponível em: http://www.justice.gov/criminal-fraud/fcpa-guidance Acesso em 22/11/2015

[20] Committee of Sponsoring Organizations of the Treadway Commission – COSO (2013). Internal Control – Integrated Framework. Disponível em: http://www.coso.org/documents/internal%20control-integrated%20framework.pdf.. Acesso em 22/11/2015

[21] CGU. (2015). Programa de Integridade: Diretrizes Para Empresas Privadas. Disponível em: http://www.cgu.gov.br/Publicacoes/etica-e-integridade/arquivos/programa-de-integridade-diretrizes-para-empresas-privadas.pdf Acesso em 22/11/2015

mentação e acompanhamento do Programa de Integridade foi atribuída a um ou mais executivos dentro da empresa. Assim, é importante que a empresa conte com executivos responsáveis pela supervisão dos mecanismos e procedimentos do Programa de Integridade, de modo a garantir a sua aplicação efetiva e aperfeiçoamento ao longo do tempo. Esses indivíduos devem ter autoridade, autonomia e recursos suficientes para garantir que o programa de integridade seja implementado de forma eficiente.

Autonomia adequada, geralmente, inclui acesso direto à alta administração da empresa, incluindo o próprio conselho de administração, quando aplicável[22]. É importante, também, que os executivos responsáveis pelo programa de integridade tenham acesso e visibilidade a todas as atividades da empresa, de modo que estes possam sempre e a qualquer instante mapear e monitorar áreas e negócios que representem um maior risco de violações à Lei Anticorrupção.

3.3.8. Canais de denúncia de irregularidades e aplicação de medias disciplinares e corretivas

Um Programa de Integridade eficiente deve incluir um mecanismo que permita a seus colaboradores sanar dúvidas a respeito do Código de Conduta e das políticas internas, bem como reportar suspeitas ou violações às políticas da empresa, sempre de maneira confidencial e sem medo de retaliação. Assim, um canal confidencial (Canal de Ética, Canal de Comunicação, Ouvidoria etc.) deve ser disponibilizado e amplamente divulgado, garantindo proteção contra retaliação (com exceção de alegações conscientemente falsas), preservação de confidencialidade, anonimato e demais direitos, proteção pessoal e ônus

---

[22] O apoio da alta administração e a relação de parceria com os executivos de maior grau hierárquico envia uma importante mensagem a toda a empresa, sobre o papel prioritário da ética e do combate à corrupção.

da prova para o empregador[23]. Seu uso deve ser incentivado, sempre esclarecendo que o canal pode ser utilizado para sanar dúvidas, contribuir para a gestão ética da empresa e levar ao conhecimento da empresa eventuais suspeitas de irregularidades ou violações às políticas de integridade. Ao usuário que fizer a comunicação, deve-se permitir a possibilidade de acompanhar o caso, ainda que a apuração seja inconclusiva, ou se conclua que não houve violação.

De todo modo, não basta a empresa receber uma denúncia, apurar sua veracidade e não tomar nenhuma ação a respeito. Assim, a organização deve contar com mecanismos de investigação interna eficientes o suficiente para apurar a veracidade de qualquer suspeita levantada. A consequência lógica de uma investigação que concluiu pela participação de colaborador em violações, irregularidades ou atos ilícitos deve ser a aplicação das medidas disciplinares e corretivas cabíveis. Essa é uma peça fundamental para garantir a efetividade do Programa de Integridade.

Nesse ponto, é de extrema importância que as medidas disciplinares sejam aplicadas a todos os envolvidos dentro da corporação, independente da sua hierarquia. O processo de abertura de investigação e eventual responsabilização de um colaborador pode, em certos casos, colocar em xeque toda efetividade do Programa de Integridade. A alta administração deve apoiar a abertura de investigações, independentemente do peso ou posição hierárquica do investigado, sem tentar influenciar seus métodos, escopo ou conclusões. Caso sejam constatadas irregularidades, as medidas disciplinares deverão ser aplicadas, na forma da política interna que regula o assunto. Isso é essencial

[23] TRANSPARENCY INTERNATIONAL (2013). International Principles For Whistleblower Legislation. DIsponível em: http://www.transparency.org/whatwedo/publication/international_principles_for_whistleblower_legislation Acesso em 1/12/2015

para demonstrar compromisso da liderança com o programa, afinal, as normas internas devem valer para todos, sem relativizações. Situações onde a alta administração decide por não aplicar medidas disciplinares em seus pares ou superiores, comprometem gravemente a avaliação do programa de integridade e podem expor a empresa a sanções mais danosas por força da Lei Anticorrupção.

Apuradas as responsabilidades e aplicadas as medidas disciplinares, os executivos responsáveis pelo programa de compliance devem empreender esforços para prevenir que irregularidades idênticas aconteçam novamente.

Esses são, em princípio, os deveres essenciais que administradores, diretores e conselheiros devem observar, para que não corram o risco de serem responsabilizados por uma conduta omissiva, e, portanto, culposa, caso sua empresa venha a se envolver em atos de corrupção, previstos na Lei 12.846/2013. Como já foi dito, não existe uma regra geral no estilo *"one size fits all"*. Caberá aos órgãos diretivos das empresas avaliarem seus próprios riscos e desenharem a melhor estrutura interna para o cumprimento da Lei Anticorrupção.

4. A Assunção de Responsabilidade de Entidades Terceiras por Foça da Lei Anticorrupção

Feito o estudo sobre as possibilidades de responsabilização de administradores por atos de corrupção cometidos em benefício da pessoa jurídica, analisaremos nas próximas linhas a possibilidade da responsabilização da sociedade, por atos de corrupção praticados por outras entidades, por força de vínculo societário existente ou adquirido. Nesse ponto, estudaremos primeiro as hipóteses de responsabilização decorrentes de operações societárias. Passaremos então às hipóteses de responsabilização por vínculos societários ou contratuais, para, ao fim, analisarmos quais são as medidas exigidas pela legislação para mitigação de riscos.

4.1. A responsabilidade por atos de corrupção decorrente de operações societárias

A primeira hipótese legal de extensão da responsabilidade por atos lesivos de corrupção está prevista logo no art. 4º da Lei Anticorrupção, que estabelece a responsabilidade de empresas em hipótese de operações societárias. Vejamos:

> Art. 4º Subsiste a responsabilidade da pessoa jurídica na hipótese de alteração contratual, transformação, incorporação, fusão ou cisão societária.

O primeiro comentário a ser feito é sobre a hipótese de "alteração contratual" prevista no caput do Artigo. Embora a lei não seja específica, nos parece evidente que a regra (i) aplica-se tanto a uma sociedade limitada, quanto a uma S.A, embora o texto use o termo "contratual"; e (ii) refere-se àquelas alterações que trazem um impacto significativo para o quadro societário e que poderiam servir como manobra jurídica para evitar a responsabilização da empresa[24].

Superada essa questão, a Lei traz no parágrafo primeiro regra que limita a responsabilidade da sucessora à multa e reparação do dano, no limite do patrimônio transferido. *In verbis*:

> § 1º Nas hipóteses de fusão e incorporação, a responsabilidade da sucessora será restrita à obrigação de pagamento de multa e reparação integral

---

[24] Nesta mesma linha pensa Rafael Federici: "Embora a expressão "alteração contratual" represente um conceito genérico – e não aplicável, por exemplo, às sociedades anônimas –, fica evidente que o legislador buscou atacar possíveis tentativas de afastamento de responsabilidade através de subterfúgios óbvios, como a alteração do quadro societário ou da administração". FEDERICCI, Rafael. A Lei Anticorrupção Brasileira. Disponível em: http://www.migalhas.com.br/dePeso/16,MI195182,71043-A+lei+anticorrupcao+brasileira. Acesso em 25/11/2015

do dano causado, até o limite do patrimônio transferido, não lhe sendo aplicáveis as demais sanções previstas nesta Lei decorrentes de atos e fatos ocorridos antes da data da fusão ou incorporação, exceto no caso de simulação ou evidente intuito de fraude, devidamente comprovados.

Deste modo, de maneira expressa, às sociedades fundidas ou incorporadoras foi estabelecido um limite de responsabilidade, o que traz uma certa segurança jurídica para os entes envolvidos. De todo modo, a transferência da responsabilidade sobre o pagamento da multa foi fortemente criticada pela doutrina, uma vez que a Constituição Federal, o inciso XLV, do art. 5º, estabelece que *"nenhuma pena passará da pessoa do condenado, podendo a obrigação de reparar o dano e a decretação do perdimento de bens ser, nos termos da lei, estendidas aos sucessores e contra eles executadas, até o limite do valor do patrimônio transferido."*

Sobre esse tema, Luiz Fernando de Freitas Santos e José Andrés Lopes da Costa, em artigo[25] publicado enquanto a Lei 12.846/2013 ainda aguardava a sanção presidencial, bem apontam que:

> *"A lei de responsabilização administrativa e civil das pessoas jurídicas de fato fixa a multa como uma das consequências do atuar ilícito das empresas. Tanto equivale a dizer que **a multa é pena prevista pela lei, a mesma pena que não poderia passar da pessoa do infrator**, como enuncia a primeira "tira" do inciso XLV, do art. 5º. antes transcrito. Mas a parte inicial do parágrafo 1º. do art. 4º. do projeto está redigido assim:* "Nas hipóteses de fusão e incorporação, ***a responsabilidade da sucessora será restrita à obrigação de pagamento de multa****...(omissis)...*

---

[25] SANTOS, Luis Fernando de Freitas e LOPES DA COSTA, José Andrés. Algumas reflexões sobre o PL 39/13. http://www.migalhas.com.br/dePeso/16,MI183422,11049-Algumas+reflexoes+sobre+o+PL+3913 Acesso em 29/11/2015

Ou seja, no que diz respeito à multa, a Constituição não vale; contudo, em relação à reparação integral do dano, aí sim, é de se observar o limite do patrimônio transferido, porque este é o comando constitucional!"

Um último ponto a respeito do parágrafo primeiro do Art. 4º da Lei Anticorrupção diz respeito à exclusão da cisão das hipóteses de limitação de responsabilidade. Como sabemos, de acordo com o Art. 229 da Lei das S.A, "a cisão é a operação pela qual a companhia transfere parcelas do seu patrimônio para uma ou mais sociedades", podendo ser parcial ou total, hipótese em que a companhia cindida é extinta.

Sobre esse ponto, Maurício Silva Leite e Eduardo Maffia Queiroz Nobre [26] apontam que:

"A não inclusão das operações de cisão entra aquelas indicadas no § 1º se deu, a nosso ver, de forma incorreta, posto que algumas hipóteses de cisão resultam em empresas que têm seu patrimônio apenes parcialmente constituído através do patrimônio cindido. Por tal razão, também deveria ter sido mencionada a limitação da responsabilidade para o caso de cisão, relativamente ao patrimônio absorvido da cindida."

E concluímos em conjunto com os autores:

"Entretanto, apesar da falta de expressa previsão, não identificamos nenhum óbice à extensão dos efeitos do quanto previsto no § 1º ao caso de cisão, relativamente ao patrimônio da cindida que fora absorvido. Em verdade, nessa hipótese, estaremos utilizando o mesmo conceito expresso no § 1º para os casos de fusão e incorporação, onde a responsabilidade da sucessora será na exata parcela do patrimônio absorvido."

---

[26] LEITE, Maurício Silva e NOBRE, Eduardo Maffia Queiroz. Responsabilidade Solidária por Atos de Corrupção. Revista dos Tribunais. Vol. 974/2014 p. 313

4.2. A responsabilidade solidária por vínculos societários ou contratuais

Além da responsabilidade oriunda de operações societárias, conforme estudado no ponto anterior, o Art. 4º, através do seu parágrafo segundo, também prevê a responsabilidade solidária entre sociedades integrantes do mesmo grupo societário, ou organizadas em consórcios. Veja-se:

> "§ 2º *As sociedades controladoras, controladas, coligadas ou, no âmbito do respectivo contrato, as consorciadas serão solidariamente responsáveis pela prática dos atos previstos nesta Lei, restringindo-se tal responsabilidade à obrigação de pagamento de multa e reparação integral do dano causado.*"

De acordo com a regra do Art. 275 do Código Civil[27], o Poder Público, considerando a responsabilidade solidária prevista na Lei, poderá cobrar a multa e a reparação do dano causado de qualquer uma das sociedades controladoras, controladas ou coligadas, conjuntamente ou não, sendo certo que qualquer empresa do grupo poderá responder pela totalidade da dívida.

Diante de tal realidade, cumpre inicialmente apontarmos quais são as definições legais para os conceitos de controladoras, controladas, coligadas e consorciadas previstos em Lei. Primeiramente, a definição de controle e controladora[28] está prevista na Lei das S.A, no parágrafo segundo do Art. 243, de

---

[27] Art. 275. O credor tem direito a exigir e receber de um ou de alguns dos devedores, parcial ou totalmente, a dívida comum; se o pagamento tiver sido parcial, todos os demais devedores continuam obrigados solidariamente pelo resto

[28] Regra semelhante está prevista no Código Civil, para a as sociedades limitadas: Art. 1.098. É controlada: I – a sociedade de cujo capital outra sociedade possua a maioria dos votos nas deliberações dos quotistas ou da assembleia geral e o poder de eleger a maioria dos administradores; II – a sociedade cujo controle, referido no inciso antecedente, esteja em poder de outra, mediante ações ou quotas possuídas por sociedades ou sociedades por esta já controladas.

acordo com o qual o controlador é aquele " titular de direitos de sócio que lhe assegurem, de modo permanente, preponderância nas deliberações sociais e o poder de eleger a maioria dos administradores."
Como visto, a Lei das S.A não estabelece um patamar mínimo de participação societária que seja configurado o controle. Ele é uma questão de fato e pode se manifestar em duas formas: o controle majoritário, entendido pela titularidade de metade mais uma das ações com voto; e o controle "minoritário", entendido como aquele em que, por circunstâncias fáticas, detém a maioria nas deliberações da sociedade[29].

Já sobre o conceito de coligada, o Código Civil traz uma definição mais objetiva sobre o tema. Segundo o Art. 1.099 coligada é a "sociedade de cujo capital outra sociedade participa com dez por cento ou mais, do capital da outra, sem controlá-la. " Embora a Lei das S.A traga uma definição mais abrangente do conceito de coligada[30], para a aplicação da Lei Anticorrupção,

---

[29] José Tavares Borba afirma que: "O controle se exerce através das ações com voto, cabendo ao acionista que reunir, em sua titularidade, metade dessas ações mais uma o domínio das assembleias, tem-se aí o chamado controle majoritário. Nas grandes companhias abertas, cujo capital votante se encontra disseminado no mercado, enfrenta-se o problema de absenteísmo dos acionistas nas assembleias. Essa ausência que, em muitos casos, se estende a maioria das ações faz com que às assembleias compareça uma parcela minoritária do capital votante. Nestas circunstâncias, a maioria será apurada em relação a esse grupo ativo, o que possibilita a polarização do controle na maioria dos presentes. Se o grupo ativo que comparecer a assembleia representar, por exemplo, dezoito por cento do capital votante, o acionista que contar com nove por cento do capital mais uma ação terá o controle da companhia. A essa forma de controle, apoiada em menos de cinquenta por cento do capital, dá-se o nome de controle minoritário." BORBA, José Edwaldo Tavares. Direito Societário – 11ed ver.aum. e atul. – Rio de Janeiro: Renovar, 2008 pag 346

[30] Art 243: [...]
§ 1º São coligadas as sociedades nas quais a investidora tenha influência significativa.

deverá ser observada a regra do Código Civil, uma vez que assim dispõe o Art 46 da Lei 11.941/2009:

> "Art. 46. O conceito de sociedade coligada previsto no art. 243 da Lei no 6.404, de 15 de dezembro de 1976, com a redação dada por esta Lei, somente será utilizado para os propósitos previstos naquela Lei.
> Parágrafo único. Para os propósitos previstos em leis especiais, considera-se coligada a sociedade referida no art. 1.099 da Lei no 10.406, de 10 de janeiro de 2002 – Código Civil."

Finalmente, a definição de consórcio encontra-se prevista no Art. 278 da Lei das S.A. Trata-se de uma associação, sem personalidade jurídica, entre sociedades sem relação de subordinação, para a execução de um determinado empreendimento. Sobre a definição de consórcio, frente aos conceitos de sociedades controladas e controladoras, afirma Fran Martins[31] que:

> "O consórcio forma um grupo de coordenação, enquanto que, segundo a Lei Brasileira, os grupos de sociedade são grupos de subordinação. De fato, enquanto, para se constituir um "grupo de sociedades", na forma do estipulado nos Arts. 256 e ss., há necessidade uma sociedade controladora e de sociedades controladas, subordinando-se, assim, estas à vontade daquela, no consórcio tal não acontece, ficando as sociedades consorciadas no mesmo pé de igualdade. Daí declara a Lei que o consórcio pode ser constituído pelas companhias "e qualquer outras sociedades, sob o mesmo controle ou não"."

Passadas as definições de controladoras, controladas, coligadas e consorciadas, vamos agora ao estudo mais aprofundado

---

§ 5º É presumida influência significativa quando a investidora for titular de 20% (vinte por cento) ou mais do capital votante da investida, sem controlá-la.
[31] MARTINS, Fran. Comentários à lei das sociedades anônimas; revista e atualizada por Roberto Papini. 4 ed. rev. e atual. – Rio de Janeiro: Forense, 2010 pag. 1141.

da responsabilidade solidária prevista na Lei Anticorrupção. Como já foi dito no presente trabalho, a Lei 12.846/2013 tem como intuito maior resguardar a administração pública, nacional ou estrangeira, contra desvios e danos oriundos de atos de corrupção. Foi uma Lei cujo estágio final de tramitação foi conduzido às pressas, no calor das manifestações de junho de 2013, o que pode ter levado o legislador, por muitas vezes, a abrir mão de regras um tanto o quanto razoáveis, optando por um texto mais apaixonado e agressivo.

Não há dúvidas de que empresas podem, em alguns casos, ser chamadas a responder pelo dano causado por sociedade com quem mantém um grau de parentesco. Contudo, seria bem mais razoável que essa responsabilidade fosse subsidiária e não solidária, em especial no caso de sociedades coligadas e consorciadas. Zanon de Paula Barros[32] é brilhante ao exemplificar como a responsabilidade solidária prevista na Lei Anticorrupção pode ser irrazoável e injusta:

"Veja-se então a seguinte situação: uma sociedade anônima é responsabilizada por ato praticado no seu interesse, lesivo à Administração Pública, e essa sociedade não está em boa situação econômico-financeira. Entretanto, essa sociedade tem em seu patrimônio 20% do capital votante de outra sociedade anônima que, assim, por definição legal, é sua coligada. Ocorre que esse capital foi adquirido em bolsa de valores, como investimento, e sua titular não faz parte do bloco de controle da coligada nem tem com ela acordo de acionistas. A única relação entre elas acontece no dia da AGO da coligada, quando lá aparece o advogado da investidora apenas para ter a confirmação de que está tudo em ordem e o valor dos dividendos que caberão ao seu cliente.

[32] BARROS, Zanon de Paula. PERIGO NA SOLIDARIEDADE: Lei anticorrupção fere direito ao penalizar sociedade coligada. Disponível em: http://www.conjur. com.br/2014-jan-29/zanon-barros-lei-anticorrupcao-fere-direito-penalizar-sociedade-coligada Acesso em 29/11/2015

Pois bem, pela letra da lei, por estar em boa situação econômico-financeira e ser coligada daquela interessada no ato acoimado de lesivo, a sociedade onde outra detém 20% do capital correrá o sério risco de ter de pagar as penalidades impostas à investidora, embora não tivesse meios de impedir aquele ato e nem de longe tivesse qualquer interesse nele, só tomando conhecimento de sua existência quando lhe chegasse a salgada conta."

O raciocínio acima nos parece incontestável. A conjunção da responsabilidade objetiva, trazida pelo Art. 1º da Lei Anticorrupção, com a responsabilidade solidária presente em seu Art. 4º tem o potencial de gerar uma enormidade de situações injustas. A mera participação no capital social de outras sociedades não pode gerar uma obrigação imediata de responder integralmente por multas que podem chegar a 20% do faturamento bruto anual de uma companhia. É necessário, pelo bem do princípio da razoabilidade, uma análise mais criteriosa a respeito da participação, seja ela com dolo o culpa, da empresa coligada no ato de corrupção, além de se averiguar quais foram as vantagens obtidas pela empresa pelos atos de corrupção praticadas pela outra entidade.

Independente das ponderações feitas acima, o fato é que hoje sociedades podem ser responsabilizadas solidariamente por atos de corrupção cometidos por suas controladas, controladoras, coligadas ou consorciadas. Além disso, como vimos, empresas podem suceder sociedades adquiridas, fundidas ou cindidas em sua responsabilidade no pagamento de multa e reparação do dano gerado pela conduta antijurídica.

Diante desse cenário, é primordial que empresas sejam diligentes e avaliem sempre as medidas de integridade que foram implementadas pelas empresas com as quais se mantém vínculo societário ou contratual, por força de um consórcio, bem como os riscos delas se envolverem em atos de corrupção.

4.3. A adoção de medidas de integridade em operações societárias ou por força de controle ou participação societária

No caso específico de operações societárias, o Decreto Regulamentador da Lei Anticorrupção estabelece, como um parâmetro do Programa de Integridade a "verificação, durante os processos de fusões, aquisições e reestruturações societárias, do cometimento de irregularidades ou ilícitos ou da existência de vulnerabilidades nas pessoas jurídicas envolvidas". Torna-se, assim, necessária a ampliação do escopo das auditorias normalmente conduzidas em operações de M&A, a fim de identificar riscos ou contingências decorrentes do descumprimento da legislação anticorrupção pela empresa alvo.

Nesse processo, conhecido como *due diligence* anticorrupção, a sociedade adquirente deve avaliar se as medidas de integridade apontadas no Art. 42 do Decreto 8.420/2015 foram, ou estão sendo implementadas pela empresa. De acordo com a Transparência Internacional[33], a *due diligence* anticorrupção deve avaliar: "(i) o histórico de envolvimento da sociedade em atos de corrupção; (ii) o risco da empresa-alvo estar atualmente envolvida em alguma interação imprópria com o Poder Público e, caso esteja, qual a extensão deste envolvimento; (iii) o grau de comprometimento da alta administração com a conduta ética; (iv) os mecanismos de controles internos para prevenção à corrupção; e (iv) qual o impacto eventual envolvimento em atos de corrupção poderia trazer para a empresa a ser adquirida."

Não basta à empresa adquirente verificar se a empresa-alvo conta com políticas e procedimentos voltados à integridade. O processo de *due diligence* anticorrupção deve ir mais a fundo e verificar a efetividade das medidas de integridade adotadas pela entidade a ser adquirida. Em outras palavras, deve ser ava-

---

[33] TRANSPARENCY INTERNATIONAL: Anti-Bribery Due Diligence for Transactions. Guidance for anti-bribery due diligence in Mergers, Acquisitions and Investments. Pg. 2.

liado se o programa de integridade da empresa-alvo não existe apenas no papel, mas que ele é efetivamente aplicado no cotidiano da organização. Para tanto, uma das etapas mais importantes da *due diligence* anticorrupção é a condução de entrevistas com executivos da empresa a ser adquirida, para que especialistas averiguem, na medida do possível, a cultura de integridade existente na organização e o seu comprometimento com a conduta ética.

Recomenda-se também uma análise minuciosa dos contratos que estas empresas porventura tenham celebrado com o Poder Público, estudando, inclusive, como foi a participação da empresa nos processos licitatórios vencidos e se houve contratação de consultores nesses certames. Atividades de maior risco também merecem especial atenção, como o licenciamento de empreendimentos e desembaraços aduaneiros.

Após a conclusão do negócio, são necessárias também medidas específicas de integração dos funcionários provenientes da empresa adquirida, como a realização de treinamentos e a assinatura de termo de compromisso com as regras do código de ética.

Por fim, para as hipóteses de sociedades controladas, coligadas ou consorciadas, recomenda-se que sejam empreendidos esforços para que, na medida do possível, as empresas sejam pressionadas pelos seus parceiros a implementarem as medidas de integridade previstas no Decreto 8.420/2015. É evidente que o potencial de ingerência que uma sociedade tem em outra varia conforme o caso, contudo, privilegiando-se ao menos as medias mais simples e menos custosas, como a publicação de Código de Ética e treinamento anticorrupção, já se pode mitigar consideravelmente os riscos de envolvimento nos atos lesivos previstos na Lei Anticorrupção.

5. Conclusão

No presente estudo, vimos que a Lei Anticorrupção trouxe uma série de impactos ao Direito Societário.

Primeiramente, estudamos a hipótese de responsabilização de sócios, administradores, diretores e conselheiros, pelos atos lesivos previstos no Art. 5º da Lei 12.846/2103. Nesse ponto, concluímos quanto à possibilidade de responsabilização por conduta omissiva por parte da alta administração, caso esta falhe em implementar mecanismos de prevenção à corrupção na empresa.

Para que tais riscos sejam mitigados, é fundamental que sócios, administradores, diretores e conselheiros, cada um atuando de acordo com seu papel e dentro das suas responsabilidades, envidem esforços na implementação dos mecanismos de integridade previstos no Art. 42 do Decreto 8.420/2015.

Vimos também que as próprias sociedades podem vir a responder por atos de corrupção cometidos por outras sociedades, como controladas, controladoras, coligadas e consorciadas. É primordial, portanto, que sejam adotadas medidas de prevenção à corrupção e que se assegure, na medida do possível, que outras sociedades controladas ou coligadas adotem essas mesmas medidas, tendo em vista o risco da responsabilidade solidária prevista na Lei Anticorrupção. No caso de fusões e aquisições, a auditoria pré-aquisição, que usualmente já é conduzida na empresa-alvo deve ter seu escopo ampliado, para avaliar potenciais passivos relacionados à Lei 12.846/2013.

Traçamos também uma série de críticas aos dispositivos da Lei que nos pareceram exagerados ou até mesmo irrazoáveis. Contudo, se por um lado pode ter havido exageros por parte do legislador, por outro, sabemos muito bem que a situação de nosso país urge por um combate acirrado e em todos os *fronts* contra a corrupção. Mesmo com todas as críticas, a Lei 12.846/2013 é um marco importante, principalmente como mecanismo difusor da ética nos negócios em nosso país. A corrupção tem sido um assunto caro demais para todos nós e é crucial que a iniciativa privada entre de uma vez por todas nessa luta.

6. Referências

STUKART, Herbert Lowe – Ética e Corrupção; São Paulo, Nobel, 2003 – pag. 44.

RIZARDO, Arnaldo, Responsabilização das Pessoas Jurídicas por Atos Lesivos à Administração Pública. Disponível em: http://www.lex.com.br/doutrina_26007222_RESPONSABILIZACAO_DAS_PESSOAS_JURIDICAS_POR_ATOS_LESIVOS_A_ADMINISTRACAO_PUBLICA.aspx. Acesso em 17/11/2015.

GOMES, Rafael Mendes; BELTRAME, Priscila Akemi; CARVALHO, João Vicente Lapa: Compliance Empresarial: Novas Implicações do dever de diligência, em CASTRO, Leonardo Freitas de Moraes (org.): Mercado Financeiro & de Capitais: Regulação e Tributação – São Paulo: Quartier Ltin, 2015. Pag 531.

EIZIRIK, Nelson. A lei das S.A Comentada, Volume II. São Paulo: Quartier Latin, 2011. Pag. 402-403

CGU. (2015). Programa de Integridade: Diretrizes Para Empresas Privadas. Disponível em: http://www.cgu.gov.br/Publicacoes/etica-e-integridade/arquivos/programa-de-integridade-diretrizes-para-empresas-privadas.pdf. Acesso em 25/11/2015

VOLKOV, Michael: Disponível em: http://blog.volkovlaw.com/2013/04/measuring-tone-at-the-top/. Acesso em 22/112015

OECD, Codes of Corporate Conduct: An Inventory, Working Party on the Trade Committee, TD/TC/WP(98)74/Final, Paris (1999).

FILHO, André Pimentel. Comentários aos Artigos 1º ao 4º da Lei Anticorrupção, in SOUZA, Jorge Munhos: Lei Anticorrupção. Rio de Janeiro: Editora Jus Podivm, 2015. Pag 83.

MINISTRY OF JUSTICE (2011). The Bribery Act 2010 Guidance. Pg. 27 Disponível em: https://www.justice.gov.uk/downloads/legislation/bribery-act-2010-guidance.pdf Acesso em 29/11/2015

INTERNATIONAL CHAMBER OF COMMERCE. (2015). Anti-Corruption Third Party Due Diligence: A Guide For Small And Medium Size Entities. Disponível em: http://www.iccwbo.org/Advocacy-Codes-and-

-Rules/Document-centre/2015/ICC-Anti-corruption-Third-Party-Due-
-Diligence/ Acesso em 28/11/2015

WORLD ECONOMIC FORUM. (2015). Good Practice Guidelines on Conducting Third-Party Due Diligence. Disponível em: http://www3. weforum.org/docs/WEF_PACI_ConductingThirdPartyDueDiligence_ Guidelines_2013.pdf. Acesso em 28/11/2015

THE GLOBAL COMPACT (2015). Guia de Avaliação de Risco de Corrupção. Disponível em: https://drive.google.com/file/d/0BzeogYN FvEqyZkZJTXNpVXNscWc/view Acesso em 22/11/2015

U.S. DEPARTMENT OF JUSTICE AND U.S. SECURITIES AND EXCHANGE COMMISSION (2012). A Resource Guide to the U.S. Foreign Corrupt Practices Act. Disponível em: http://www.justice.gov/ criminal-fraud/fcpa-guidance Acesso em 22/11/2015

Committee of Sponsoring Organizations of the Treadway Commission – COSO (2013). Internal Control – Integrated Framework. Disponível em: http://www.coso.org/documents/internal%20control-integrated%20 framework.pdf.. Acesso em 22/11/2015

CGU. (2015). Programa de Integridade: Diretrizes Para Empresas Privadas. Disponível em: http://www.cgu.gov.br/Publicacoes/etica-e-integridade/ arquivos/programa-de-integridade-diretrizes-para-empresas-privadas. pdf Acesso em 22/11/2015

TRANSPARENCY INTERNATIONAL (2013). International Principles For Whistleblower Legislation. DIsponível em: http://www.transparency. org/whatwedo/publication/international_principles_for_whistleblower_legislation Acesso em 1/12/2015

FEDERICCI, Rafael. A Lei Anticorrupção Brasileira. Disponível em: http:// www.migalhas.com.br/dePeso/16,MI195182,71043-A+lei+anticorrupca o+brasileira. Acesso em 25/11/2015

Santos, Luis Fernando de Freitas e Lopes da Costa, José Andrés. Algumas reflexões sobre o PL 39/13. http://www.migalhas.com.br/ dePeso/16,MI183422,11049-Algumas+reflexoes+sobre+o+PL+3913 Acesso em 29/11/2015

Leite, Maurício Silva e Nobre, Eduardo Maffia Queiroz. Responsabilidade Solidária por Atos de Corrupção. Revista dos Tribunais. Vol. 974/2014 p. 313

Borba, José Edwaldo Tavares. Direito Societário – 11.ed.rev.aum. e atual. – Rio de Janeiro: Renovar, 2008. Pag. 346

Martins, Fran. Comentários à lei das sociedades anônimas; revista e atualizada por Roberto Papini. 4 ed. rev. e atual. – Rio de Janeiro: Forense, 2010 pag. 1141

BARROS, Zanon de Paula. PERIGO NA SOLIDARIEDADE: Lei anticorrupção fere direito ao penalizar sociedade coligada. Disponível em: http://www.conjur.com.br/2014-jan-29/zanon-barros-lei-anticorrupcao-fere-direito-penalizar-sociedade-coligada Acesso em 29/11/2015

TRANSPARENCY INTERNATIONAL: Anti-Bribery Due Diligence for Transactions. Guidance for anti-bribery due diligence in Mergers, Acquisitions and Investments.

7. Referências Complementares

SPERCEL, Thiago. *Considerações sobre a Responsabilidade Solidária do Grupo Econômico por Atos de Corrupção*/ Revista de Direito Empresarial volume 4/2014 p.281 Jul/2014 DTR/2014/9341.

CARVALHOSA, Modesto(coord). *O livro negro da corrupção*. São Paulo; Paz e Terra, 1995

CARVALHOSA, Modesto. *Comentários à Lei de Sociedades Anônimas*. São Paulo, Saraiva, 2011.

MARTINS JUNIOR, Wallace Paiva. *Probidade administrativa*. 4.ed.São Paulo: Saraiva,2009.

FERNANDES, Jorge Ulisses Jacoby; NASCIMENTO, Melillo Dinis do. *Lei Anticorrupção Empresarial – Aspectos Críticos À Lei Nº 12.846/2013*. 1 ed. São Paulo: Forum, 2014

CAMBI, Eduardo Mateus Bertoncini; GUARAGNI, Fábio André: *Lei Anticorrupção – Comentários à Lei 12.846/2013*. Edição Digital. Leya Brasil, 2014

CARVALHOSA, Modesto: *Considerações sobre a Nova Lei Anticorrupção das Pessoas Jurídicas*. 1. Ed. RT, 2015

NUNES, Pedro Caetano: Responsabilidade Civil dos Administradores Perante os Accionistas. 3. Ed. Almedina. 2001.

COUTO SILVA, Alexandre: Responsabilidade dos Administradores de S.A. 1. Ed. Elsevier Acadêmico. 2007.

A RESOURCE GUIDE TO THE FCPA – U.S. FOREIGN CORRUPT PRACTICES ACT, by the Criminal Division of the U.S. Department of Justice and the Enforcement Division of the U.S. Securities and Exchange Commission;

CARVALHOSA, Modesto. *A Lei da Empresa Limpa*. O Estado de São Paulo. Disponível em (www.opiniao.estadao.com.br/noticias/geral,a-nova-lei-da-empresa-limpa-imp-,1124715). Acesso em 04.08.2014

GIOVANINI, Wagner. *Compliance: a excelência na prática*, 1. Ed – São Paulo. 2014.

LEITE, Maurício Silva. *Responsabilidade Solidária por Atos de Corrupção*/ Revista dos Tribunais/volume.947/2014/p.313/Set/2012 DTR 2014/9957

BLOK, Marcella *A Nova Lei Anticorrupção e o Compliance/* Revisto de Direito Bancário e do Mercado de Capitais/ volue65/2014/p.263/Jul/2014 DTR 2014/15162

BONFIM, Natalia Bertolo. *A desconsideração da Personalidade Jurídica na Lei Anticorrupção*, Revista dos Tribunais, vol947/2014, p.91, DTR, 2009.

LAMY FILHO, Alfredo; PEDREIRA, José Luiz Bulhões coord; Direito das Companhias, Rio de Janeiro, Forense, 2009.

SILVEIRA, Renato de Mello Jorge. *O Acordo de Leniência na Lei Anticorrupção/* Revista dos Tribunais/volume.947/2014/p.157/Set/2014

SOBRE OS AUTORES

Ana Cristina von Gusseck Kleindienst
Professora Orientadora do LL.M. em Direito Societário do Insper. Mestre em Direito Comercial pela Universidade de São Paulo (2016). Bacharel em Direito pela Universidade de São Paulo (2011). Advogada em São Paulo, atuante na área de direito empresarial, com ênfase em resolução estratégica de conflitos e direito concorrencial.

Bruna Luiza Tarnovski Lopes
Advogada em São Paulo/SP na área de direito empresarial, com ênfase em M&A e companhias abertas. Formou-se Direito em 2008, pela Universidade Regional de Blumenau - FURB, em Blumenau, SC. Especializou-se em Direito do Comércio Internacional em 2011, pelo Instituto Internacional de Ciências Sociais - IICS. Pós-graduada em Direito Societário (LL.M.) em 2015, pelo Instituto de Ensino e Pesquisa- INSPER. Atualmente cursa *Masters of Laws - LL.M.*, na Universidade de Columbia, em Nova Iorque.

Juliane Schwartz Teixeira
Advogada nas áreas de M&A, Societário, Governança Corporativa e Concorrencial. Graduada em Direito pela Universidade Presbiteriana Mackenzie e pós-graduada em Direito Societário pela Faculdade de Direito do Insper - Instituto de Ensino e Pesquisa (LLM Direito Societário).

ESTUDOS APLICADOS DE DIREITO EMPRESARIAL

Lúcia Bellomaria de Castro Azevedo Pinto

Tem uma trajetória que abrange experiência em empresas nacionais e multinacionais, como advogada e gestora de departamentos jurídicos. Atual Gestora Jurídica da multinacional Babcock Conbrás desde out/14, de 2011 a maio de 2014 foi gerente jurídica do Grupo multinacional MZ - relações com investidores, respondendo pelo Legal e Compliance nível mundial, ligado a M&As, inclusive. De 2009 a 2011 atuou como advogada responsável pela área contratual do Grupo familiar Coimex, e de 2004 a 2009, como advogada em renomados escritórios de advocacia boutique em São Paulo. Concluiu o curso *Master of Laws – Corporate Law* no Insper (2015), assim como o CBA *Certificate in Business Administration* (2012) pela mesma Escola. É Pós graduada/especialista em Direito Ambiental e também Contratos Internacionais, ambos pela PUC-SP, 2007. Graduada em Direito pela FMU, em 2004. Domina os idiomas inglês (jurídico também), espanhol e italiano, além do português. Casada com o advogado Ricardo Ferreira Pinto e mãe de 2 filhos, Gabriela de 3 anos de idade, e Felipe, de 3 meses apenas.

Marcelo Shima Luize

Bacharel em direito pela Faculdade de Direito da Universidade de São Paulo (FD-USP) (2011). Cursou *Zertifikat* na Faculdade de Direito de Munique (*Ludwig-Maximilians-Universität München*) (2010) e LL.M. em Direito Societário no Insper – Instituto de Ensino e Pesquisa (2015). É associado do Veirano Advogados na área de Societário & Fusões e Aquisições.

Vitor Andre Lopes da Costa Cruz

Formado em 2009 pela Faculdade de Direito da Pontifícia Universidade Católica do Rio de Janeiro. Pós-graduado (LL.M.) em Direito Societário pelo Insper – Instituto de Ensino e Pesquisa. Advogado Associado no Chediak, Lopes da Costa, Menezes Cortes, Cristofaro, Rennó & Aragão Advogados, no qual atua preponderantemente na área de Compliance e Anticorrupção.

ÍNDICE

APRESENTAÇÃO 5
PREFÁCIO 9
SUMÁRIO 13

Oferta Pública de Aquisição de Ações por Alienação de Controle
Juliane Schwartz Teixeira 15

Análise do Caso Usiminas – A Vinculação ao Acordo de Acionistas
e a Conduta do Presidente do Conselho de Administração
Bruna Luiza Tarnovski Lopes 49

A Justa Causa para Exclusão de Sócio nas Sociedades Limitadas
Lúcia Bellomaria de Castro Azevedo Pinto 87

Cláusulas de Indenização e Resolução Contratual
em Operações de Fusão e Aquisição no Brasil:
Necessidade ou Mera Reprodução do Modelo Anglo-Saxão?
Marcelo Shima Luize 143

Riscos Societários na Nova Lei Anticorrupção – A Transferência
e a Assunção de Responsabilidades a Sociedades, Sócios
e Administradores
Vitor André Lopes da Costa Cruz 191

SOBRE OS AUTORES 233